L' E

O

3000 VOCABOLI / 1500 FRASI / 100 SITUAZIONI

DeAGOSTINI

Quarta edizione, aprile 2012

Redazione: corso della Vittoria 91, 28100 Novara
Sito internet: www.deagostini.it

Cura redazionale: Studio Lemmàri, Milano
Impaginazione: Studio Keyword, Milano
Copertina: Marco Santini

Catalogo: U7252211

ISBN: 978-88-418-7632-9

Stampa: Italgrafica S.r.l. - Novara 2012

Come utilizzare il dizionario

Il testo del presente dizionarietto è composto da cento capitoli disposti nell'ordine alfabetico dei rispettivi titoli. Sarà dunque facile per l'utente individuare l'argomento che meglio corrisponde alle sue esigenze.

Per semplificare ulteriormente la consultazione, è stato inserito nel sommario del volume un indice analitico di tutti gli argomenti proposti con una fitta rete di rimandi. In questo modo, risulta possibile individuare il capitolo desiderato anche partendo da una parola diversa e vedere quali argomenti possono integrarsi fra loro.

Per quanto riguarda la disposizione del testo all'interno della pagina, le frasi e le parole singole sono espresse prima in italiano e poi in inglese in tutti i casi in cui si suppone che il viaggiatore debba dire o scrivere qualcosa che ha pensato in italiano; viceversa, si trovano prima in inglese le espressioni che compaiono su avvisi e cartelli o le frasi che sarà più probabile ascoltare e leggere in inglese, in modo da poter comprendere, per esempio, le domande che ci possono essere rivolte dall'impiegato della dogana.

Nei casi dubbi, in cui non è possibile prevedere se la traduzione dell'espressione possa rivelarsi più utile *partendo* dall'italiano o dall'inglese, si è scelto di inserire per primo il testo italiano.

Sono preceduti dalla scritta (*Am*) i termini propri dell'*American English* che possono avere un significato diverso o una diversa ortografia rispetto all'inglese britannico.

Trascrizione Fonetica

La trascrizione qui utilizzata è basata sulla trascrizione fonetica internazionale, ma notevolmente semplificata.
In alcuni casi, nella trascrizione fonetica sono state raggruppate, come parola unica, due o più parole che nella catena parlata vengono pronunciate senza pause.

Le vocali che sono pronunciate lunghe sono sottolineate nella trascrizione fonetica (es.: i̲, u̲, a̲).

L'accento tonico primario è indicato con un trattino verticale in alto prima della sillaba tonica; eventuali accenti secondari con un trattino verticale in basso prima della sillaba.

vocali

a	l**o**ve (*c**a**ne*)
a̲	st**ar**t, f**a**ther
e	dr**e**ss (*b**e**llo, m**e**la*)
i	**y**et (*v**i**no*)
i̲	s**ea**
o	l**o**t, w**a**sh (*c**o**ro, c**o**me*)
o̲	l**aw**
u	**w**et (***u**va*)
u̲	bl**ue**, g**oo**se
ə	**a**bout (una vocale indistinta)
ə̲	b**ir**d, n**ur**se
æ	b**a**d (tra una *a* e una *e*)

consonanti

b	**b**ack (***b**anda*)
c	**ch**ur**ch** (***c**ena*)
d	**d**ay (***d**ono*)
f	**f**at (***f**ine*)
g	**g**et (***g**ara, **gh**iro*)
h	**h**ot (un soffio di gola)
j	vi**s**ion (*gara**g**e*)
k	**c**a**k**e, s**ch**ool (***c**ane, **ch**iesa*)
l	**l**ight (***l**una*)
m	**m**ore (***m**adre*)
n	**n**ice (***n**oce*)
p	**p**en (***p**ane*)
r	**r**ight, so**rr**y
s	**s**i**s**ter (***s**anto*)
ʃ	**sh**ip, sta**ti**on (***sc**ena*)
t	**t**ea, ci**t**y (***t**opo*)
v	ha**v**y (***v**iso*)
z	**z**ero, ro**s**e (*ro**s**a*)
ð	**th**is (una *d* con un soffio)
ʤ	a**g**e (***g**iorno*)
θ	**th**ing (una *t* con un soffio)

Sommario

Abbigliamento: accessori *1*
Abbigliamento: vestiti, intimo *3*
Acquisto, pagamento *6*
Aereo, aeroporto: le parole *8*
Aereo: arrivo *9*
Aereo: partenza *10*
Aereo: viaggio *12*
Affari *14*
Aggressione *vedi* Furto
Albergo: informazioni, servizi *16*
Albergo: prenotazione, scelte *19*
Alimentari (*vedi anche* Ristorante, Colazione, Cucina, Etichette) *23*
Alloggio (*vedi anche* Albergo, Appartamento, Campeggio, Ostello) *26*
Anatomia *vedi* Parti del corpo
Animali domestici *28*
Appartamento, residence *30*
Architettura *vedi* Edifici d'arte
Arte *vedi* Museo, Edifici d'arte
Assicurazione, danni *31*
Auguri *vedi* Saluti
Autobus, tram (*vedi anche* Mezzi pubblici urbani) *32*
Automobile (*vedi anche* Cartelli, Contravvenzione, Distributore, Incidente stradale, Meccanico, Parcheggio, Veicoli stradali) *34*
Avvisi *vedi* Cartelli
Bambini *36*
Banca, sportello automatico *38*
Bar *vedi* Bevande, Colazione
Barbiere *vedi* Parrucchiere
Bellezza *vedi* Igiene
Benzinaio *vedi* Distributore
Bevande (*vedi anche* Alimentari, Colazione, Etichette, Ristorante) *40*
Biancheria *vedi* Abbigliamento: vestiti
Biliardo *vedi* Gioco
Caccia, pesca (*vedi anche* Sport) *42*
Calcio e altri sport di squadra (*vedi anche* Sport) *43*
Calendario *vedi* Tempo: calendario, ore; Festività
Calzature *vedi* Abbigliamento: accessori
Cappelli *vedi* Abbigliamento: accessori
Campeggio *45*
Carte da gioco *vedi* Gioco
Cartelli, avvisi diversi (*vedi anche* Contravvenzione, Parcheggio) *47*
Cartelli e segnali stradali *49*
Cartoleria *51*
Casalinghi, utensili, ferramenta *52*
Cellulare *vedi* Telefono
Cibo *vedi* Alimentari, Colazione, Cucina, Etichette, Ristorante

Cinema, teatro, concerto *54*
Circolazione stradale (*vedi anche* Cartelli e segnali stradali, Contravvenzione, Parcheggio, Veicoli stradali) *58*
Città *vedi* Escursione: città
Colazione, spuntino, panini *60*
Comprare *vedi* Acquisto
Computer, posta elettronica *63*
Concerto *vedi* Cinema
Contravvenzione, multa (*vedi anche* Circolazione stradale, Cartelli e segnali stradali) *67*
Corpo *vedi* Parti del corpo
Corse di cavalli *vedi* Ippica
Cortesia *vedi* Saluti
Cosmetici *vedi* Igiene
Cucina (*vedi anche* Alimentari, Etichette, Ristorante) *68*
Danni *vedi* Assicurazione
Dentista (*vedi anche* Medico) *70*
Disabili *71*
Discoteca *vedi* Locali di divertimento
Distributore, gommista (*vedi anche* Automobile, Meccanico) *73*
Divertimento *vedi* Locali di divertimento, Gioco
Documenti *vedi* Dogana, Veicoli stradali: documenti, noleggio
Dogana, documenti *74*
Dormire *vedi* Alloggio
Edifici d'arte, architettura (*vedi anche* Escursione: città) *76*
Edicola *vedi* Giornali
Elettrauto *vedi* Meccanico
Elettricità, elettrodomestici *79*
Elettrodomestici *vedi* Elettricità
E-mail *vedi* Computer
Emergenza *vedi* Assicurazione, Furto, Incidente stradale; Incidenti, smarrimento di persone, Medico
Equitazione *vedi* Ippica
Escursione: città (*vedi anche* Edifici d'arte) *80*
Escursione: natura (*vedi anche* Mare) *84*
Estetica *vedi* Igiene
Etichette *86*
Farmacia *89*
Fax *vedi* Telefono
Ferramenta *vedi* Casalinghi
Festività (*vedi anche* Tempo: calendario, ore) *92*
Fiori, piante *93*
Foto, ottica *94*
Furto, smarrimento, aggressione
Galleria d'arte *vedi* Museo *96*
Gioco *98*
Gioielli, orologi *100*
Giornali, libri *102*
Giro della città *vedi* Escursione: città
Gita *vedi* Escursione
Golf (*vedi anche* Sport) *102*
Gommista *vedi* Distributore
Handicap *vedi* Disabili
Hi-fi, radio, TV *103*
Igiene, toilette, estetica *105*
Imbarcazioni *vedi* Mare
Imprevisti *vedi* Furto, Incidente stradale; Incidenti, smarrimento di persone
Incidente stradale *107*
Incidenti, smarrimento di persone *109*
Invito *vedi* Saluti

Ippica, equitazione
(*vedi anche* Sport) *111*
Lavanderia, tintoria *113*
Libri *vedi* Giornali
Locali di divertimento (*vedi anche* Cinema, Gioco) *114*
Malattia *vedi* Farmacia, Medico, Parti del corpo
Mangiare *vedi* Alimentari, Colazione, Ristorante
Mare (*vedi anche* Escursione: natura) *115*
Meccanico, elettrauto (*vedi anche* Automobile, Distributore) *117*
Medicine *vedi* Farmacia
Medico, pronto soccorso (*vedi anche* Dentista, Farmacia, Oculista, Parti del corpo) *121*
Mercato *vedi* Negozio
Merceria *vedi* Tessili
Metropolitana (*vedi anche* Mezzi pubblici urbani) *129*
Mezzi pubblici urbani (*vedi anche* Autobus, Metropolitana, Taxi) *130*
Misure *131*
Monumenti *vedi* Edifici d'arte, Escursione: città
Mostra d'arte *vedi* Museo
Multa *vedi* Contravvenzione
Museo, galleria, mostra *133*
Musica *vedi* Cinema
Natura *vedi* Escursione: natura, Mare
Nave, traghetto: le parole *136*
Nave, traghetto: partenza *137*
Nave, traghetto: viaggio *137*
Negozio, mercato (*vedi anche* Abbigliamento, Acquisti, Alimentari, Cartoleria, Elettricità, Etichette, Farmacia, Fiori, Foto, Gioielli, Giornali, Igiene, Hi-fi, Parrucchiere, Ristorante, Tabacchi, Tessili) *139*
Night club *vedi* Locali di divertimento
Numeri *141*
Nuoto *vedi* Piscina, Mare
Oculista (*vedi anche* Medico) *144*
Orientamento, spazio *145*
Ora *vedi* Tempo: calendario, ore
Orologi *vedi* Gioielli
Ostello *147*
Ottica *vedi* Foto
Pagamento *vedi* Acquisto
Panini *vedi* Colazione
Parcheggio, sosta (*vedi anche* Contravvenzione, Cartelli e segnali stradali) *148*
Parole base *149*
Parrucchiere, barbiere (*vedi anche* Igiene) *149*
Parti del corpo *151*
Pelletteria *vedi* Abbigliamento: accessori
Pesca sportiva *vedi* Caccia
Piante *vedi* Fiori
Pinacoteca *vedi* Museo
Piscina *154*
Polizia *vedi* Furto, Incidente stradale; Incidenti, smarrimento di persone
Posta *155*
Posta elettronica *vedi* Computer
Prenotazione *vedi* Albergo: prenotazione, Ristorante: prenotazione, Cinema
Preparazione dei cibi *vedi* Cucina

Presentazioni *vedi* Saluti
Pronto soccorso *vedi* Medico
Radio *vedi* Hi-fi
Religione (*per gli edifici religiosi vedi anche* Edifici d'arte) *156*
Residence *vedi* Appartamento
Ristorante e altri locali *159*
Ristorante: a tavola *160*
Ristorante: conto *163*
Ristorante: prenotazione, servizi *163*
Ristorante: menù *164*
Saluti, presentazioni, cortesia, auguri (*per gli auguri vedi anche* Festività) *171*
Scacchi *vedi* Gioco
Scarpe *vedi* Abbigliamento: accessori
Sci, sport invernali (*vedi anche* Sport) *175*
Scippo *vedi* Furto
Segnali stradali *vedi* Cartelli e segnali stradali, Circolazione stradale, Contravvenzione, Parcheggio
Sequestro *vedi* Furto
Smarrimento *vedi* Furto
Smarrimento di persone *vedi* Incidenti
Spazio *vedi* Orientamento
Spettacoli *vedi* Cinema
Spiaggia *vedi* Mare
Sport (*vedi anche* Caccia, Calcio e altri sport di squadra, Golf, Ippica, Mare, Piscina, Sci, Tennis) *176*
Sport invernali *vedi* Sci
Sportello automatico *vedi* Banca
Spuntino *vedi* Colazione
Stazione *vedi* Treno
Stazione di servizio *vedi* Distributore
Stereo *vedi* Hi-fi
Strada *vedi* Circolazione stradale, Cartelli e segnali stradali
Sub *vedi* Mare
Tabacchi *180*
Taxi *181*
Teatro *vedi* Cinema
Telefono, fax, cellulare *182*
Tempo: calendario, ore (*vedi anche* Festività) *185*
Tempo: che tempo fa *188*
Tennis (*vedi anche* Sport) *190*
Tessili, merceria (*vedi anche* Etichette) *190*
Tintoria *vedi* Lavanderia
Toilette *vedi* Igiene
Traghetto *vedi* Nave
Tram *vedi* Autobus, Mezzi pubblici urbani
Treno, stazione: le parole *192*
Treno: partenza *193*
Treno: viaggio *195*
TV *vedi* Hi-fi
Unità di misura *vedi* Misure
Utensili *vedi* Casalinghi
Veicoli stradali: le parole *195*
Veicoli stradali: documenti, noleggio *197*
Vestiti *vedi* Abbigliamento
Veterinario *vedi* Animali domestici
Video *vedi* Hi-fi
Villaggio turistico *vedi* Campeggio

ABBIGLIAMENTO: ACCESSORI

accessori	**accessories**	ək'sesəriz
ballerine	**pumps**	pamps
bandana	**bandanna**	bændænə
basco	**beret**	'berei
berretto	**cap**	kæp
berretto di lana	**woolly hat**	'uli hæt
borsa	**bag**	bæg
borsetta	**handbag / *(Am)* purse**	'hændbæg / pəs
bottoni	**buttons**	'batənz
bretelle	**braces / *(Am)* suspenders**	'breisiz / sə'spendəz
camoscio	**chamois**	'ʃæmua / ʃæmi
cappello	**hat**	hæt
capretto	**kid**	kid
ciabatte	**mules**	'miulz
cinghiale	**pigskin**	'pigskin
cintura	**belt**	belt
cravatta	**tie**	tai
cuoio	**leather**	'leðə
daino	**buckskin**	'bakskin
fibbia	**buckle**	'bakəl
foulard	**scarf**	skaf
gemelli	**cuff links**	'kaf links
gomma	**rubber**	'rabə
guanti	**gloves**	glavz
lacci (*di scarpe*)	**(shoe) laces**	ʃu'leisiz
mocassini	**moccasins**	'mokəsinz
ombrello	**umbrella**	am'brelə
pantofole	**slippers**	'slipəz
para	**crepe / parà rubber**	kreip / pa'ra ˌrabə
pelle	**leather**	'leðə
pelletteria (*negozio*)	**leather shop**	'leðə ʃop
pianelle	**mules**	miulz
portachiavi	**key-ring**	'ki rin

portafogli	**wallet**	'uolit
sacca	**bag**	bæg
sandali	**sandals**	'sændəlz
scamosciato	**suede**	suəd
scarpe	**shoes**	ʃuz
scarponi	**boots**	buts
scialle	**shawl**	ʃol
sciarpa	**scarf**	skaf
sintetico *(di suola)*	**man-made**	'mænmeid
stivaletti	**ankle boots**	'ænkl buts
stivali	**boots**	buts
stringhe	**shoe-laces**	ˌʃo 'leisiz
suola	**sole**	soul
tacco	**heel**	hil
tacco a spillo	**stiletto (heel) / (*Am*) spike heel**	sti'letou hil / 'spaik hil
tomaia	**upper**	'apə
valigia	**suitcase**	'sutkeis
vernice	**patent leather**	'peitənt 'leðə
vitello	**calf skin**	'kaf skin
zainetto, zaino	**rucksack / (*Am*) backpack**	'raksæk / 'bækpæk
zoccoli	**clogs**	klogz

Vorrei provare quelle scarpe in vetrina	**I'd like to try on those shoes in the window** aid 'laik tə 'trai on ðouz 'ʃuz in ðə 'uindou
Vorrei un paio di scarpe eleganti	**I'm looking for a pair of formal shoes** aim 'lukin for ə 'peər əv 'foməl ʃuz
Le vorrei con il tacco alto / basso	**I'd like them high / low heeled** aid 'laik ðem hai / lou hild
Porto il 38 italiano	**I wear size 38 continental / (*Am*) European** ai 'ueə saiz θəti'eit kanti'nentl / iuərə'piən
Sono strette	**Theese are too tight** ðəz ə tu 'tait
Mi fanno male	**They hurt my feet** ðei 'hət mai 'fit
Vorrei provare la misura superiore	**I'd like to try a bigger size** aid 'laik tə 'trai ə 'bigə 'saiz

Avete le mezze misure?	**Do you have half sizes?** du iu hæv 'haf 'saiziz
Ce ne sono anche in altri colori?	**Do you have the same in other colours?** du iu 'hæv ðə saim in 'aðə 'koləz
È vero cuoio / vera pelle?	**Is it real leather?** iz it 'riəl 'leðə
Mi serve del lucido da scarpe	**I need some shoe polish** ai 'nid sam 'ʃu 'poliʃ
Dovrei rifare i tacchi	**I need to get these heels repaired** ai 'nid tə 'get ðiz 'hilz rə'peəd
Si possono ricucire questi sandali?	**Can you stitch these sandals?** ken iu 'stic ðiz 'sændəlz
Quando saranno pronte?	**When will they be ready?** 'uen uil ðei bi 'redi

ABBIGLIAMENTO: VESTITI, INTIMO

abito (*da donna*)	**dress**	dres
abito (*da uomo*)	**suit**	sut
accappatoio	**bath robe**	'baθ roub
bermuda	**bermuda shorts**	bər'miudə ʃouts
biancheria	**underwear**	'andəueə
biancheria intima (*da donna*)	**lingerie**	'lænʤəri / am ˌlanʤə'rei
boxer	**boxer shorts**	'boksə ʃouts
calzamaglia	**tights / (*Am*) pantyhose**	'taits / 'pæntihouz
calze (*da donna*)	**stockings**	'stokins
calze (*da uomo*)	**socks**	soks
calzini	**socks**	soks
camicetta	**blouse**	blauz
camicia	**shirt**	ʃət

camicia da notte (*da donna*)	**nightdress / night shirt**	'naitdres / 'naitʃət
canottiera	**vest / (*Am*) undershirt**	vest / 'undə ʃət
cappotto	**coat**	kout
cappuccio	**hood**	hud
collant	**tights / (*Am*) pantyhose**	'taits / 'pæntihouz
colletto	**collar**	'kolə
completo	**suit**	sut
costume da bagno (*da donna*)	**swimming costume / (*Am*) bathing suit**	'suimin 'kostium / 'beiðin sut
costume da bagno (*da uomo*)	**swimming trunks**	'suimin tranks
doppiopetto	**double breasted**	ˌdabəl 'brestid
felpa	**sweat shirt**	'suet ʃət
giacca	**jacket / coat**	'ʤækit / kout
giacca a vento	**windcheater / (*Am*) windbreaker**	'uincitə / 'uindbreikə
giarrettiere	**garters**	'gatəz
gilet	**waistcoat / (*Am*) vest**	'ueiskout / vest
giubbotto	**jacket**	ʤækit
golf	**cardigan**	'kadigən
gonna	**skirt**	skət
grembiule (*con pettorina*)	**pinafore**	'pinəfo
grembiule (*senza pettorina*)	**apron**	'eiprən
grembiule (*sopravveste*)	**overall / (*Am*) smock**	'ouvərol / smok
guaina	**girdle / corset**	gədl / 'kosit
impermeabile	**raincoat**	'reinkout
maglia (*intima*)	**vest**	vest
maglietta	**T-shirt / jersey**	'ti ʃət / 'ʤəsi
maglione	**jumper / sweater**	'ʤampə / 'suetə
manica	**sleeve**	sliv
maxi(gonna)	**ankle length skirt**	ˌænkle lenθ 'skət
mini(gonna)	**miniskirt / mini**	'miniskət / mini
misura	**size**	'saiz
monopetto	**single brested**	'singl 'brestid

mutande	**briefs**	brifs
paio di...	**pair of...**	peə əv
pantaloncini	**shorts**	ʃots
pantaloni	**trousers / (*Am*) pants**	'trauzəz / pænts
pelliccia	**fur coat**	'fə kout
pigiama	**pyjamas / (*Am*) pajamas**	pə'ʤaməz / pə'ʤæməz
reggicalze	**suspender belt / (*Am*) garter belt**	sas' pendə belt / 'gatə belt
reggiseno	**bra**	bra
scollatura / scollo	**neckline**	'neklain
slip (*da bagno*)	**swimming trunks**	'suimin tranks
slip (*intimo*)	**briefs**	brifs
soprabito	**overcoat**	'ouvəkout
sottoveste	**slip**	slip
spolverino	**dust coat / (*Am*) duster**	'dast 'kout / dastə
taglia	**size**	'saiz
tailleur	**(*lady's*) suit**	'leidiz siut
T-shirt	**T-shirt**	'ti ʃət
tuta (*da lavoro*)	**overalls**	'ouvərols
tuta (*sportiva*)	**track suit**	træk siut
vestaglia	**dressing gown**	'dresin gaun
vestito (*da donna*)	**dress**	dres
vestito (*da uomo*)	**suit**	siut

Che tessuto è?	**What material is it?** ˌuot mə'tiəriəl iz it
Lo avete in tinta unita?	**Do you have it plain / (*Am*) in solid colours?** du iu hæv it 'plein / in 'solid kaləz
Quanto viene al metro?	**How much is it per meter?** hau 'mac iz it pə 'mitə
Vorrei un paio di pantaloni	**I'm looking for a pair of trousers** aim 'lukin for ə 'peər əv 'trauzəz

What size? uot 'saiz	Che taglia porta?

Porto la 46 italiana	**Size 46 continental / (*Am*) European** saiz foti 'six ˌkənti'nəntl / iuərə'piən

Vorrei un colore che si intoni con questo	**I'd like it in a colour that goes with this** aid 'laik it in ə 'kalə ðæt 'gouz uið 'ðis
C'è più chiaro?	**Do you have it in a lighter shade?** du iu 'hæv it in ə 'laitə 'ʃeid
Posso provarlo?	**Can I try it on?** ken ai 'trai it 'on

Yes, the change / changing rooms are over there 'ies ðə 'ceinʤ / ceinʤin rumz ar 'ouvə 'ðeə	Si accomodi nel camerino di prova
How does it fit? hau daz it 'fit	Come le sta?

Va bene	**It's fine** its 'fain
È un po' largo	**It's a bit big** its ə bit 'big
Vorrei la taglia inferiore	**I'd like the next smaller size** aid 'laik ðə 'nekst 'smolə 'saiz
Potete fare delle modifiche?	**Can you do alterations?** ken iu du ˌoltər'eiʃnz
Potete accorciarlo?	**Can you shorten it?** ken iu 'ʃoten it

ACQUISTO, PAGAMENTO

Quanto costa?	**How much is it?** hau 'mac iz it
Può scrivermi il prezzo?	**Could you write down the price for me, please?** kud iu 'rait daun ðə 'prais fo mi pliz
Non voglio spendere più di…	**I don't want to spend more than…** ai 'dount uont tə 'spend mo ðæn
Mi può fare un po' di sconto?	**Is this your last price?** iz ðis io 'last 'prais

Sorry, the prices are fixed 'sori ðə 'praisiz a 'fikst	Spiacente, i prezzi sono fissi

On these items there's a 20% discount on ðiz 'itəms ðeəz ə 'tuenti pə 'sent 'diskaunt	Su questi articoli c'è uno sconto del 20%
The price has already been reduced ðə prais hæs əl'redi bin rə'diust	Il prezzo è già scontato
You can only exchange the size iu kan 'ounli iks'ceinʃ ðə saiz	È possibile cambiare solo la taglia
You can't return sale items iu 'kant ri' ten 'seil 'aitəmz	Gli articoli in liquidazione non si possono cambiare

È possibile cambiarlo?	**Can I exchange it?** ken ai iks'ceinʃ it
È troppo caro	**It's too expensive** its tu iks'pensiv
Ha qualcosa di più economico?	**Do you have anything cheaper?** du iu hæv 'eniθin 'cipə
Può fare un pacchetto regalo?	**Can you gift wrap it?** ken iu gift 'ræp it
Può farmelo avere in albergo?	**Can you send it to my hotel?** ken iu 'send it tə mai hou'tel
Può spedirmelo in Italia?	**Can you send it to Italy?** ken iu 'send it tu 'itəli

There is a charge for postage and packaging ðeə iz ə 'caʃ fo 'poustiʃ ənd 'pækiʃin	Devo addebitarle le spese di spedizione
Please pay at the desk plize 'pei ət ðə 'desk	Paghi alla cassa

Posso pagare con carta di credito?	**Can I pay** ken ai 'pei **by credit card?** bai 'kredit 'kad
con Bancomat?	**by bank card?** 'bænk 'kad
con un assegno?	**by check?** bai 'cek

Sorry, we don't accept cheques 'sori ui 'dount ək'sept 'ceks	Spiacente, non accettiamo assegni
Sorry, I don't'have any change 'sori ai 'dount hæv eni 'ceinʃ	Spiacente, non ho il resto

Mi può cambiare (questa banconota) in moneta?	**Could you please change this note?** kud iu pliz 'ceinʤ ðiz nout
Posso avere la ricevuta?	**Could I have a receipt, please?** kud ai hæv ə ri'sit pliz
Would you like the invoice? uud iu laik ðə 'invois	**Vuole la fattura?**
Non mi ha dato lo scontrino	**You haven't given me the till receipt** iu hævnt 'givn mi ðə til ri'sit

AEREO, AEROPORTO: LE PAROLE

aereo	**plane**	'plein
aeroplano	**airplane / aircraft**	eə'plein / eə'kraft
aeroporto	**airport**	'eəpot
arrivi	**arrivals**	ə'rivlz
ascensore	**lift / (*Am*) elevator**	lift / eli'vatə
bagagli	**luggage / baggage**	'lagiʤ / 'bægiʤ
biglietto	**ticket**	'tikit
carrello (*portabagagli*)	**trolley**	'troli
check-in	**check-in**	'cek in
chiamata	**call**	kol
controllo	**control / check**	kən'troul / cek
dogana	**customs**	'kastəmz
imbarco	**boarding**	'bodin
informazioni	**information**	infə'meiʃn
partenze	**departures**	di'pacəz
passaporti	**passports**	'paspots
polizia	**police**	pə'lis
porta d'imbarco	**boarding gate**	'bodin geit
punto d'incontro comitive	**groups meeting area**	grupz 'mitin area
riservato al personale	**staff only**	staf 'onli
ritardo	**delay**	di'lei

ritiro bagagli	**baggage reclaim**	'bægiʤ ri'kleim
sala d'attesa	**waiting lounge**	'ueitin launʤ
scala mobile	**escalator**	escə'leitə
scalo	**stopover**	stop'ovə
stiva	**hold**	hold
tratta	**stretch**	strec
ultima chiamata	**last call**	last kol
uscita	**exit**	'eksit
uscita d'emergenza	**emergency exit**	i'meʤənsi 'eksit
uscita (*per l'imbarco*)	**gate**	geit
volo	**flight**	flait

AEREO: ARRIVO

Dove sono i bagagli del volo... proveniente da...?	**Where is the luggage from flight... from...?** 'ueə iz ðə 'lagiʤ from 'flait... from...
Dove sono i carrelli per bagagli?	**Where are the (luggage) trolleys?** ueər a ðə 'lagiʤ 'troliz
Dov'è il deposito bagagli?	**Where's the left-luggage office / (Am) the check room?** ueəz ðə ˌleft 'lagiʤ ofis / ðə 'cekrum
La mia valigia non è arrivata	**My suitcase didn't arrive** mai 'sutkeis 'didnt ə'raiv
Dov'è l'ufficio bagagli smarriti?	**Where's the lost luggage office?** 'ueəz ðə 'lost 'lagiʤ 'ofis
Ero sul volo... da...	**I was on flight... from...** ai uəz on 'flait from
La mia valigia è stata aperta / è stata rotta	**My suitcase has been opened / has been broken** mai 'sutkeis hæz 'bin 'oupənd / hæz 'bin brəukn

Transit passengers for... please proceed to... 'trænsit 'pæsinʤəz fə 'pliz prə'sid tu	I passeggeri in transito per... sono pregati di presentarsi a...

AEREO: PARTENZA

Dove sono le partenze internazionali / nazionali?	**Where are the international / domestic departures?** 'ueər a ði ˌintə'næʃənl / də'mestik di'pacəz
Dov'è il check-in del volo per…?	**Where's the check in for the flight to…?** 'ueəz ðə 'cek in fə ðə 'flait tu…
Qual è il banco della …?	**Where's the… desk?** 'ueəz ðə… desk
Vorrei prenotare un posto sul volo per…	**I'd like to book a seat on the flight to…** aid 'laik tu 'buk ə 'sit on ðə 'flait tu…
Devo confermare la prenotazione	**I must confirm my booking** ai mast kən'fəm mai 'bukin
Un biglietto di andata e ritorno, per favore	**A return ticket / (*Am*) round-trip ticket, please** ə ri'ten 'tikit / 'raund trip 'tikit 'pliz
Vorrei un posto fumatori / non fumatori	**I'd like a seat in the smoking / non smoking section** aid 'laik ə 'sit in ðə 'smokin / non 'smokin 'sekʃn

Aisle seat or window seat? ail sit o 'uindo sit	Corridoio o finestrino?

Vicino al finestrino, grazie	**Window, please** 'uindo 'pliz

We only have aisle seats available ui 'onli hæv 'ail sits ə'veiləbl	Ci sono posti solo sul corridoio

Ci sono tariffe speciali per il weekend?	**Do you have special weekend rates?** du iu hæv 'speʃl 'uikend 'reits
Vorrei anticipare la partenza	**I'd like to leave earlier** aid 'laik tu liv 'eliə

Tickets, please 'tikits 'pliz	Biglietti, prego

C'è un volo con coincidenza per…?	**Is there a connecting flight to…?** iz ðeər ə kə'nektin 'flait tu
Quanto dura il volo?	**How long is the flight?** hau 'lon iz ðə 'flait
Viaggio con un bambino di 2 mesi	**I'm travelling with a two months old baby** aim 'trævlin uið ə ' tu̲ manθz 'old bəbi
Posso portare la carrozzina?	**Can I take on board a pram / (*Am*) baby carriage?** ken ai 'teik on bo̲d ə 'præm /'beibi 'kæriʧ
Va bene come bagaglio a mano?	**Is it okay as hand luggage / (*Am*) carry-on luggage?** iz it o̲'kei æz hænd 'lagiʧ / 'kæri on 'lagiʧ

Do you have any other luggage? du iu hæv 'eni 'aðə 'lægiʧ	Ha altro bagaglio?
How many pieces of luggage are you checking in? hau 'meni 'pi̲siz əv 'lagiʧ a̲ iu̲ 'cekin in	Quanti colli spedisce?
You have to pay for eight kilos of extra weight iu̲ 'hæv tə pei fə 'eit 'ki̲lo̲z əv 'ekstrə 'ueit	Deve pagare 8 kg di sovrappeso
On board you are allowed one piece of hand luggage only on 'bo̲d iu a̲ ə'loud 'uan 'pi̲s əv hænd 'lagiʧ o̲nli	Non più di un bagaglio a mano in cabina
This is your boarding card, gate number three ðis iz io̲ 'bo̲din ˌka̲d geit 'nambə 'θri̲	Questa è la sua carta d'imbarco, uscita numero 3
The flight will be delayed twenty minutes / one hour ðə 'flait uil bi di'leid 'tuenti 'minits / 'uan auə	Il volo subirà un ritardo di 20 minuti / un'ora
The air traffic controllers are on strike ði̲ 'eə 'træfik kən'tro̲ləz 'a̲ on 'straik	C'è uno sciopero dei controllori di volo
The plane has been delayed by fog ðə 'plein hæz bi̲n di'leid bai 'fog	L'aereo è in ritardo causa nebbia

The flight to London has been cancelled ðə 'flait tu 'landn hæz bin 'kænsld	Il volo per Londra è stato cancellato
Passengers on flight... to..., proceed to gate four 'pæsənʤəz on 'flait tu prəsid to 'geit fo	Passeggeri del volo... per..., uscita 4
Mr..., a passenger to..., please report to the information desk ' mistə ə 'pæsənʤə tu pliz ripot tu ði infə'meiʃn desk	Il signor..., in partenza per..., è pregato di presentarsi al banco informazioni

AEREO: VIAGGIO

We expect to be taking off in fifteen minutes ui ik'spect tu bi 'teikin 'of in 'fiftin 'minits	Il decollo è previsto fra 15 minuti
You can put your hand luggage in the luggage compartments or under the seat in front of you iu kæn 'put io 'hænd 'lagiʤ in ðə 'lagiʤ kəm'patməntz o 'andə ðə 'sit in 'frant əv 'iu	Potete sistemare il vostro bagaglio a mano negli appositi alloggiamenti o sotto il sedile davanti a voi
Please fasten your seat belts 'pliz 'fasn io 'sit 'belts	Allacciare le cinture
No smoking, please no smokin 'pliz	Si prega di non fumare
On board it is forbidden to use electronic equipment such as personal computers, CD players and mobile phones / (*Am*) cell phones on 'bod it iz fə 'bidn tu iuz ilek'tronik i'kuipmnt sac æz 'pesənl kam'piutəz 'si di 'pleiəz ənd 'məubail 'fonz / sel 'fonz	A bordo è vietato utilizzare apparecchiature elettroniche come personal computer, lettori CD, telefoni cellulari
You have to keep your seat back upright iu hæf tə 'kip io 'sitbæk 'aprait	Deve tenere lo schienale rialzato

The captain wishes you a pleasant flight ðə 'kptin 'uiʃəz iu ə 'pleznt flait	Il comandante vi augura buon viaggio

A che ora è previsto l'atterraggio?	**What is the expected time of arrival?** uot iz ði ik'spectd 'taim ov ə'raivl
A quale altitudine stiamo volando?	**What altitude are we flying at?** uot 'æltitiud a ui 'flain æt
Non ho avuto il vassoio del pranzo	**I haven't had my meal yet** ai 'hævnt 'hæd mai 'mil iet
La luce per leggere non funziona	**The reading light doesn't work** ðə 'ridin 'lait daznt uek
Vorrei la rivista di bordo, per favore	**I'd like the on-board magazine, please** aid 'laik ði 'on bod mægə'zin 'pliz
C'è il duty-free a bordo	**Do you have duty free on board?** du iu 'hæv 'diuti 'fri on 'bod
Vorrei qualcosa contro la nausea	**I'd like something for air sickness** aid 'laik 'samθin fə eə 'siknes

We are going through some turbulence ui a 'goin 'θru sam 'tebiuləns	Stiamo attraversando un'area di turbolenze
There are possible air pockets ðeə 'a 'posible eə 'pokitz	È possibile incontrare vuoti d'aria
We expect to be landing in twenty minutes ui ik'spect tu bi 'lændin in 'tuenti 'minits	Prevediamo di atterrare fra venti minuti
Please remain seated 'pliz rə'mein 'sitəd	Siete pregati di restare seduti ai vostri posti
Please make sure not to leave your hand luggage or any other personal belongings on the aircraft 'pliz meik 'ʃuə not tu 'liv io hænd 'lagiʤ o 'eni 'pesənl bi'loninz on ði eə'kraft	Vi raccomandiamo di non dimenticare il vostro bagaglio a mano o altri oggetti personali

AFFARI

affari	**business**	'biznis
appuntamento	**appointment**	ə'pointmənt
biglietto da visita	**business card**	'biznis 'kad
bozza	**rough copy / draft**	'raf kopi / draft
contratto	**contract**	'kontrækt
disdetta	**cancellation**	'kænsə'leiʃn
fattura	**invoice**	'invois
merce	**goods**	gudz
offerta	**offer**	'ofə
porto assegnato	**carriage forward**	ˌkæriʤ 'fouəd
porto franco	**carriage free**	ˌkæriʤ 'fri
preavviso	**(advance) notice**	əd'vans 'noutis
preventivo	**estimate**	'estimət
ricevuta bancaria	**bank receipt**	'bænk ri'sit
rinnovo	**renewal**	ri'niuəl
riunione	**meeting**	'mitin
sollecito	**reminder**	ri'maində
spedizione	**forwarding / consignement**	'fouədin / kən'sainmənt
spedizioniere	**forwarding agent**	'fouədin eiʤənt
termini di consegna	**terms of delivery**	'təms əv di'livəri
termini di pagamento	**terms of payment**	'təms əv 'peimənt

Il sig… è in riunione	**Mr… is in a meeting** 'mistə iz in ə 'mitin
Il sig… la riceverà subito	**Mr… will see you now** 'mistə uil 'si iu 'nau
Ecco il mio biglietto da visita	**Here's my business card** 'hiəz mai 'biznis 'kad
Grazie, eccole il mio	**Thanks, here's mine** 'θænks hiəz 'main
La ringrazio per l'appuntamento	**Thank you for seeing me** θænk iu fo'siin 'mi
Ha valutato la mia offerta?	**Have you considered my offer?** 'hæv iu kan'sidəd mai 'ofə

È la nostra migliore offerta	**It's our best offer** its auə 'best 'ofə
È possibile avere un preventivo?	**Can I have an estimate?** ken ai hæv ən 'estimət
Ho preparato una bozza di contratto	**I've drawn up a rough copy of the contract** aiv 'dron ap ə 'raf 'kopi ov ðə 'kontrækt
Il contratto definitivo sarà pronto entro due giorni	**The final contract will be ready in two days** ðə 'fainəl 'kontrækt uil bi 'redi in 'tu 'deiz
Ci sono ancora alcuni dettagli da esaminare	**There are still a few details to look at** ðeər a 'stil ə 'fiu 'diteilz tə 'luk æt
Quali sono i termini di consegna?	**What are your terms of delivery?** uot a io 'təmz əv di'livəri
Le consegne vengono effettuate ogni settimana	**Deliveries are made every week** di'livəriz a 'meid 'evri uik
Quali sono i termini di pagamento?	**What are your terms of payment?** uot a io 'təmz əv 'peimənt
Alla consegna	**On delivery** on di'livəri
A sessanta giorni dalla emissione della fattura	**Sixty days from the invoice date** 'siksti deiz from ði in'vois 'deit
Novanta giorni fine mese data fattura	**Ninety days from end of invoice month** 'nainti deiz from 'end əv 'invois ˌmanθ
Mi lasci i dati per la ricevuta bancaria	**Let me have the details for the bank receipt** let mi hæv ðə 'diteilz fo ðə 'bænk ri'sit
La merce arriva franco di porto?	**Do the goods arrive free port?** du ðə 'gudz ə'raiv 'fri 'pot
Chi è lo spedizioniere?	**Who's the forwarding agent?** 'huz ðə 'fouədin 'eiʤənt
Siamo già d'accordo	**We have already made an agreement** ui hæv əl'redi 'meid ən ə'grimənt
Vuole firmare subito?	**Do you want to sign now?** du iu 'uont tə 'sain 'nau

Il contratto è rinnovabile automaticamente	**The contract is automatically renewable** ðə 'kontrækt iz 'otə'mætikəli ri'niuəbl
Rinnovo tacito, salvo disdetta scritta	**Renewal is automatic, unless cancelled in writing** ri'niuəl iz ˌotə'mætik an'les 'kænseld in 'raitin
È previsto un preavviso di sei mesi	**Six months' notice is required** siks ˌmanθs 'noutis iz ri'kuaiəd

ALBERGO: INFORMAZIONI, SERVIZI

Your room number is three o three io 'rum 'nambə iz 'θri ou 'θri	La sua camera è la 303
Here's the key, number two fifteen 'hiəz ðə ki 'nambə 'tu fif'tin	Eccole la chiave, numero 215
The lift / (*Am*) elevator is to the left æðə 'lift / ði 'elə'veitə iz tə ðə 'left]	L'ascensore è a sinistra
The lift is out of order æðə 'lift iz 'aut əv 'odə]	L'ascensore è fuori servizio

Mi può svegliare alle sette?	**Can you please give me a wake up call at seven a.m.?** kuld iu 'pliz giv mi ə ˌueik ap 'kol ət 'sevən 'ei 'em
Non mi passi telefonate in camera	**Please don't send any calls to my room** 'pliz dount 'send eni 'kolz tə mai 'rum
Vorrei avere la colazione in camera	**I'd like breakfast in my room** aid 'laik 'brekfəst in mai 'rum
Mi può portare un altro cuscino?	**Can you bring me another pillow, please?** ken iu 'brin mi ə'naðə 'pilou 'pliz
Come si fa ad alzare il riscaldamento?	**How do you turn up the heating?** hau du iu 'tən ap ðə 'hitin

Come si accende l'aria condizionata?	**How do you turn on the air conditioning?** hau du iu 'tən on ði 'ər kan'diʃənin
Qual è il voltaggio della corrente elettrica?	**What's the voltage?** uots ði 'voultiʤ
Mi passa il servizio bar?	**Room service, please** rum 'sevis 'pliz
Per favore, vorrei una bottiglia d'acqua minerale	**I'd like a bottle of mineral water** aid 'laik ə 'botəl əv 'minərəl 'uotə
Appoggi il vassoio sul tavolo	**Leave the tray on the table** 'liv ðə 'trei on ðə 'teibəl
Lo metta sul mio conto	**Put it on my bill** 'put it on mai 'bil
Vorrei ordinare la prima colazione	**I'd like to order breakfast** aid 'laik tu 'odə 'brekfəst
Mi fa pulire le scarpe?	**Could I have my shoes cleaned?** koud ai ˌhæv mai 'ʃuz 'klind
Mi manda la cameriera?	**Could you send the maid?** koud iu 'send ðə 'meid
I'll call the linen maid ail 'kol ðə 'linən 'meid	Le chiamo la guardarobiera
Può lavarlo e stirarlo per domani pomeriggio?	**Can you wash and iron it for tomorrow?** ken iu 'uoʃ ənd 'aiən it fo tə'morou
It will be ready by tomorrow afternoon it uil bi 'redi bai tə'morou ˌaftə'nun	Sarà pronto per domani pomeriggio
Non voglio essere disturbato	**I don't want to be disturbed** ai dount 'uont tə bi distəbd
Hang the sign ouside the door 'hæn ðə sain 'autsaid ðə do	Appenda il cartello fuori dalla porta
Non ci sono per nessuno fino alle 18	**I'm not in, for anyone, until six p.m.** aim 'not in for 'eniuan an'til 'siks pi'em

Se mi cerca il signor X, gli dia questo messaggio	**If Mr X calls for me, give him this message, please** if 'mistə 'eks 'kolz fo mi 'giv him ðis 'mesiʤ 'pliz
Ci sono messaggi per me?	**Are there any messages for me?** a ðeər 'eni 'mesiʤiz fo mi
Mi chiama un taxi?	**Can you call me a taxi, please?** ken iu kol mi ə 'tæksi 'pliz
Vorrei cambiare camera	**I'd like to change rooms** aid 'laik tə 'ceinʤ rumz
Non funziona lo scarico del water / lavandino	**The toilet / sink is blocked** ðə 'toilət / 'sink iz 'blokd
Gli asciugamani non sono stati cambiati	**The towels haven't been changed** ðə 'tauəlz hævənt bin 'ceingd
Le lenzuola non sono pulite	**The sheets aren't clean** ðə 'ʃits ant 'klin
Ho perso la chiave della camera	**I've lost my room key** aiv 'lost mai 'rum ki
Sono stato derubato all'interno dell'albergo	**I've been robbed by someone in the hotel** aiv bin 'robd bai 'samuan in ðə hou'tel
Vorrei fare un reclamo	**I'd like to make a complaint** aid 'laik tə 'meik ə kəm'pleint
Vorrei parlare con il direttore	**I'd like to speak to the manager** aid 'laik tə 'spik tə ðə 'mænəʤə

Room service will resume at ten a.m. 'rum 'səvis uil 'rəzum ət 'ten 'ei'em	Il servizio in camera è sospeso fino alle 10
The hotel is not responsible for damaged property ðə hou'tel iz not ri'sponsəbəl fo 'dæmiʤd 'propəti	La direzione non si assume responsabilità per eventuali danni

A che ora devo lasciare la camera?	**What time must I check out of the room?** uot 'taim mast ai 'cek aut əv ðə 'rum
Lascio l'albergo alle 10	**I'll be checking out at ten a.m.** ail bi 'cekin 'aut ət 'ten 'ei 'em

Mi può preparare il conto?	**Can you prepare my bill, please?** 'ken iu prə'peə mai 'bil 'pliz
Può far portare giù i bagagli?	**Could you have my bags brought downstairs, please?** koud iu hæv mai 'bægz brot 'daun,steəz 'pliz
Posso lasciare i bagagli in deposito?	**Can I leave my luggage with you?** 'ken ai 'liv mai 'ləgiʤ uiθ 'iu
Ho già pagato alla mia agenzia	**I've already paid through the agency** aiv əl'redi 'peid θru ði 'eiʤənsi
Ecco il voucher	**Here's the voucher** 'hiez ðə 'vaucə

This (service) is included in the price ðis / 'səvis / iz in'kludid in də 'prais	Questo servizio è incluso nel prezzo

Ho già lasciato 200 sterline / dollari di acconto	**I've already paid a deposit of two hundred pounds / dollars** aiv əl'redi 'peid ə di'pozit əv 'tu 'handrəd paundz / 'doləz
Ci deve essere un errore nel conto	**There must be a mistake in the bill** ðeə 'mast bi ə mis'teik in ðə 'bil
Non ho preso niente nel frigobar	**I didn't have anything from the mini-bar** ai 'didənt hæv 'eniθin from ðə 'mini ba
Non ho fatto telefonate	**I didn't make any phone calls** ai 'didənt 'meik eni 'founkolz

ALBERGO: PRENOTAZIONE, SCELTE

Vorrei prenotare un albergo economico / buono / a quattro stelle / a cinque stelle	**I'd like to book an inexpensive / a good / a four star / a five star hotel** aid 'laik tu 'buk ən inik'spensiv / ə gud / ə fo 'sta / faiv 'sta ho'tel
Mi può dare l'indirizzo esatto dell'albergo?	**Can you give me the exact address of the hotel?** ken iu 'giv mi ði ig'zækt ə'dres əv ðə ho'tel

Come posso arrivare all'albergo? | **How do I get to the hotel?** 'hau du ai 'get to ðə ho'tel

Where are you now? 'ueə a iu 'nau | Dove si trova lei adesso?

Sono all'aeroporto | **I'm at the airport** aim ət ði 'eəpot

You should take a taxi iu ʃud 'teik ə tæksi | Le conviene prendere un taxi

Vorrei prenotare a nome... | **I'd like to book for...** aid 'laik tu 'buk fə

Sarò lì verso le 16 | **I'll be there around four p.m.** ail bi 'ðeə ə'raund 'fo 'pi'em

You must arrive by eight p.m., otherwise we can't hold the room iu mast ə'raiv bai 'eit 'pi'em 'aðəuaiz ui 'kant hold ðə 'rum | Deve arrivare entro le 20 altrimenti non teniamo più la camera

You must pay a deposit with the reservation iu mast pei ə di'pozit uið ðə ˌrezə'veiʃn | Deve lasciare una caparra per la prenotazione

Ho prenotato tramite un'agenzia | **I booked through an agency** ai 'bukt θru ən 'eiʤənsi

Vorrei una camera a due letti / con letto matrimoniale | **I'd like a room with two beds / a double bed** aid 'laik ə 'rum uið 'tu 'bedz / ə 'dabəl 'bed

Si può avere un terzo letto per un bambino? | **Can we have an extra bed for a child?** ken ui hæv ən 'ekstrə 'bed fo ə 'caild

È possibile avere una singola? | **Can I have a single?** ken ai hæv ə 'singəl

Vorrei una suite con due stanze e il soggiorno | **I'd like a suite with two rooms and a sitting room** aid 'laik ə 'suit uið 'tu rumz ənd ə 'sitinrum

I'm sorry, but we're completely full aim 'sori bat uiər kam'plitli 'ful | Sono spiacente, siamo al completo

For tonight, no, but tomorrow a room will be available fo tə'nait 'nou bat tə'morou ə 'rum uil bi ə'veiləbəl — Stasera no, però domani abbiamo una camera libera

For how many? fo hau 'meni — Per quante persone?

How long will you be staying? hau 'lon uil iu bi 'stei'in — Per quante notti si trattiene?

Solo per una notte — **For just one night** fo ʤast 'uan 'nait

Mi tratterò dal... al... — **I'll be staying from the... to the...** ail bi 'steiin from ðə tə ðə

Vorrei una camera con aria condizionata — **I'd like a room with air conditioning** aid laik ə rum uið 'eər kən'diʃənin

Do you prefer it overlooking the sea / the garden? du iu pri' fər it ˌouvə'lukin ðə si / ðə 'gadn — La preferisce con vista sul mare / sul giardino?

La camera è con bagno? — **Does the room have a bath?** daz ðə 'rum həv ə 'baθ

No, it has a shower 'nou it hæs ə 'ʃauə — No, con doccia

Ci sono i servizi? — **Does it have a private bathroom?** daz it 'həv ə 'praivət 'baθrum

There's a shared bathroom for the floor ðeəz ə 'ʃeəd 'baθrum fo ðə 'flo — I servizi sono al piano

C'è il telefono con linea diretta? — **Is there a direct dial telephone?** iz ðeər ə di'rekt daiəl 'telifoun

No, you must call the reception desk 'no iu mast 'kol ðə ri'sepʃn desk — No, deve chiamare la reception

Nell'albergo avete il garage? — **Does the hotel have its own garage?** daz ðə hou'tel həv its 'oun 'gæraj

Yes, we have a private garage 'ies ui həv ə 'praivit 'gæraj — Sì, abbiamo un garage privato

Fino a che ora è aperto?	**Until what time are you open?** əntil uot 'taim a iu 'opn
All night ol 'nait	Tutta la notte
If the entrance is locked, ring the bell if ði 'entrəns is 'lokt 'rin ðə 'bel	Se l'ingresso è chiuso, suoni il campanello
Dove posso parcheggiare l'auto?	**Where can I park my car?** 'ueə ken ai 'pak mai 'ka
There's a car park / (*Am*) parking lot 100 meters from here ðeəz ə ka'pak / 'pakin 'lot ə'handrəd 'mitəz from 'hiə	C'è un parcheggio a 100 metri
A che piano è la camera?	**What floor is the room on?** uot 'flo iz ðə 'rum on
It's on the third floor. You can take the lift / (*Am*) elevator its on ðə 'θəd flo iu ken 'teik ði 'lift 'elə,veitə	È al terzo piano. C'è l'ascensore
Avete il servizio di lavanderia?	**Do you have a laundry service?** du iu həv ə 'londri 'səvis
Yes, except on Sunday 'ies iksept on 'sandei	Sì, tranne la domenica
C'è la piscina?	**Do you have a swimming pool?** du iu həv ə suimin pul
We also have a sauna ui 'olsou həv ə 'sonə	C'è anche la sauna
Quanto costa la camera per notte?	**How much is the room per night?** hau 'mac is ðə rum pə 'nait
100 pounds / dollars per person / per night ə 'handrəd 'paundz / 'doləz pə 'pəsn / pə 'nait	100 sterline / dollari a persona / per notte
È compresa la colazione?	**Is breakfast included?** iz 'brekfəst in'kludid
Quant'è la mezza pensione / la pensione completa?	**How much is half board / full board?** hau 'mac iz 'haf ,bod / 'ful ,bod

Can you give me some identification? ken iu 'giv mi sam ai,dentifi'keiʃn	Mi può lasciare un documento?
How will you be paying? 'hau uil iu bi 'peiin	Come desidera pagare?
In cash or by credit card? in 'kaʃ o bai 'kredit 'kad	In contanti o con la carta di credito?
Do you have any luggage? du iu həv eni 'lagiʤ	Ha dei bagagli?

Sì, ho le valigie in macchina	**Yes, my suitcases are in the car** 'ies mai 'sutkeisiz ar in ðə 'ka
Può far portare i bagagli in camera?	**Can you have the luggage brought to the room?** ken iu ,hæv ðə 'lagiʤ 'brot tə ðə 'rum

I'll send the porter right away ail 'send ðə 'potə 'rait e'uei	Le mando subito il facchino

È possibile depositare i valori in cassaforte?	**Can I put some valuables in the safe?** ken ai 'put sam 'væliuəblz in ðə 'seif
Mi può restituire i documenti?	**Could I have my papers back, please?** koud ai ,hæv mai 'peipəz 'bæk pliz
Qual è l'orario dei pasti?	**What time are the meals?** uot 'taim a ðə milz

ALIMENTARI

alimentari	**food**	fud
barattolo (*di latta*)	**tin / can**	tin / kæn
barattolo (*di vetro*)	**jar**	ʤar
bottiglia	**bottle**	botl
caffè	**coffee**	'kofi
in grani / macinato	**ground**	graund
conservanti	**preservatives**	pri'zəvətivz
senza conservanti	**without preservatives**	uiðaut pri'zəvetivz

dadi per brodo	**stock cubes / (*Am*) boullion**	stok 'kiubz / 'buiion
drogheria	**grocery**	'grousəri
essiccato	**dried**	draid
farina	**flour**	'flauə
di frumento integrale	**wholewheat**	'houluit
di grano / di mais	**wheat flour / cornflour / (*Am*) cornmeal**	uit 'flauə / kon'flauə 'komil
di soia	**soya**	'soi
fetta	**slice**	slais
fruttivendolo	**greengrocer / (*Am*) fruit vendor**	grin'grousə / 'frut ˌvendə
latte	**milk**	milk
condensato	**condensed**	kən'densd
fresco	**fresh**	freʃ
in polvere	**powdered**	'paudəd
intero / scremato	**whole / skimmed**	houl / skimd
parzialmente scremato	**semi-skimmed**	ˌsemi'skimd
pastorizzato / UHT	**pasteurized / UHT**	'pastiəraizd / 'iueicti
latteria	**dairy**	'deri
lattina	**can**	kæn
lievito	**yeast**	'iist
liofilizzato	**freeze-dried**	'friz draid
macelleria	**butcher's**	'bucəz
mercato	**market**	'makit
negozio	**shop / (*Am*) store**	ʃop / 'sto
panetteria	**baker's**	'beikəz
pasticceria	**cake shop / patisserie**	'keik ʃop / pa'tiseri
pescheria	**fish shop**	'fiʃ ʃop
precotto	**pre-cooked**	'pri kukt
rosticceria	**delicatessen**	delikə'tesən
salumeria	**delicatessen**	delikə'tesən
salumi	**cold-cuts**	'kould kats
scatoletta (*di latta*)	**tin / can**	tin / kæn
sfuso	**loose**	'lus
supermercato	**supermarket**	supə'makit
surgelato	**frozen**	'frouzən
vasetto	**jar**	ʤar

Dove si trova il negozio di alimentari più vicino?	**Where is the nearest food shop?** ueər iz ðə 'niərest 'fud ʃop
di specialità gastronomiche?	**delicatessen?** ˌdelikət'esən
di prodotti dietetici e per diabetici?	**health food shop / diet food store?** 'helθ 'fu ʃop / 'daiət 'fud 'sto
Quanto costa un chilo di…?	**How much is a kilo of…?** hau 'mac iz ə kilou əv…
Vorrei	**I'd like** aid 'laik
del pane	**some bread** sam 'bred
due bistecche di manzo	**two steaks** 'tu 'steiks
mezzo chilo di fesa	**half a kilo of veal rump** ˌhaf ə 'kilou əv viəl 'ramp
una dozzina di uova	**a dozen eggs** ə 'dazən egs
un barattolo di pelati	**a can of peeled tomatoes** ə 'kæn əv 'pild ə'matouz
un chilo di patate	**a kilo of potatoes** ə 'kilou əv pə'teitouz
un etto di prosciutto cotto	**100 grams of (baked) ham** ə 'handrəd 'græmz əv 'beikt 'hæm
un litro di latte intero	**a litre of whole milk** ə 'litə əv 'houl 'milk
un vasetto di marmellata	**a jar of jam** ə 'ʤar əv ʤæm
una bottiglia di birra	**a bottle of beer** ə 'botəl əv 'biə
una fetta di pancetta	**a slice of bacon** ə 'slais əv 'beikən
una scatoletta di tonno	**a can of tuna** ə 'kæn əv 'tiunə
una porzione di torta	**a portion of cake** ə 'poʃn əv 'keik
una scatola di cioccolatini	**a box of chocolates** ə boks əv cokələtz
È fresco?	**Is it fresh?** iz it 'freʃ
Posso servirmi da solo?	**Can I get it myself?** ken ai 'get it mai'self

Mi dà un sacchetto?	**Could you give me a bag, please?** koud iu 'giv mi ə 'bæg 'pliz

It's fresh out of the oven its 'freʃ aut əv ði 'ovən	È appena sfornato

ALLOGGIO

acqua	**water**	'uotə
albergo	**hotel**	hou'tel
appendiabiti	**coat rack**	'kout 'ræk
aria condizionata	**air conditioning**	ˌeə kən'diʃənin
armadio	**wardrobe / (*Am*) closet**	'uodroub / 'klozət
arrivo	**arrival**	ə'raivl
ascensore	**lift / (*Am*) elevator**	lift / ˌelə'veitə
asciugacapelli	**hair dryer**	'heə ˌdraiə
asciugamano	**towel**	tauəl
bagno (*stanza*)	**bath / bathroom**	baθ / 'baθrum
camera	**room**	rum
cameriera	**(chamber) maid**	'ʧeimbə 'meid
caparra	**deposit**	di'pozit
carta igienica	**toilet paper**	ˌ təilit 'peipə
cassaforte	**safe**	seif
centralino	**switchboard**	'suicbod
chiave	**key**	ki
comodino	**bedside table / (*Am*) night table**	'bedsaid 'teibl / 'nait 'teibl
conto	**bill**	bil
coperta	**blanket**	'blænkit
corrente elettrica / elettricità	**electricity**	ə'lektrisiti
cuscino	**pillow**	'pilou
direttore	**manager**	'mænəʤə
doccia	**shower**	'ʃauə

finestra	**window**	'uindou
frigobar	**minibar**	'miniba
frigorifero	**refrigerator**	rə'friʤəreitə
garage	**garage**	'gæraʤ
giardino	**garden**	gadən
lampadina	**light bulb**	'lait balb
lavanderia	**laundry**	londri
lavandino	**wash-basin / sink**	'uoʃ beisən / sink
lenzuolo	**sheet**	ʃit
letto	**bed**	bed
materasso	**mattress**	'mætris
messaggio	**message**	'mesiʤ
mezza pensione	**half board**	'haf bod
parcheggio	**car park / (*Am*) parking lot**	'ka pak /'pakin lot
partenza	**departure**	di'patʃə
pensione completa	**full board**	'ful 'bod
piano (*di edificio*)	**floor**	flo
piscina	**swimming pool**	'suimin pul
piumino	**duvet**	'duve
porta	**door**	do
prenotazione	**booking / reservation**	'bukin / rezə'veiʃn
ristorante	**restaurant**	'restəront
rubinetto	**tap**	tæp
sala da pranzo	**dining room**	'dainin rum
sapone	**soap**	soup
sauna	**sauna**	'sonə
sciampo	**bathroom**	'baθrum
servizi	**shampoo**	ʃæm'pu
soggiorno (*permanenza*)	**stay**	stei
soggiorno (*salone*)	**lounge**	'launʤ
sveglia (*chiamata*)	**wake up call**	ˌueik ap 'kol
tapparelle	**blinds**	blaindz
telefono	**telephone**	'telifoun
televisore	**TV set**	tivi 'set
tenda (*da finestra*)	**curtain**	'kətən
toilette	**toilet**	'təilit
vasca	**bath-tub**	'baθ tab

vasca idromassaggio	**jacuzzi**	ʤæ'kuzi
vassoio	**tray**	trei
villaggio	**village**	'viliʤ
water (*tazza del water*)	**toilet bowl**	'tɔilit boul

ANIMALI DOMESTICI

abbaiare	**to bark**	tu bak
animale	**animal**	'æniml
brandina	**bed / basket**	bed / 'baskət
cane	**dog**	dog
criceto	**hamster**	'hæmstə
cuccia (*canile*)	**kennel / (*Am*) doghouse**	'kenl / 'doghaus
cuccia (*cesta*)	**basket / bed**	'baskət / bed
cucciolo (di cane)	**puppy**	'papi
gabbia	**cage**	keiʤ
gattino	**kitten**	'kitn
gatto	**cat**	kæt
guinzaglio	**leash**	liʃ
leptospirosi	**leptospirosis**	leptospi'rozis
museruola	**muzzle**	'mazəl
osso	**bone**	boun
pesce rosso	**goldfish**	'goldfiʃ
rabbia	**rabies**	reibiz
veterinario	**vet / veterinary surgeon / (*Am*) veterinarian**	vet / ˌvetrənri 'seʤən / ˌvetəri'neəriən

È permesso l'ingresso ai cani? — **Are dogs allowed?** a 'dogz ə'laud

Posso tenere un gatto nell'appartamento? — **Can I keep a cat in the apartment?** ken ai 'kip ə kæt in ði ə'patmənt

Posso lasciare il cane in camera? — **Can I leave my dog in the room?** ken ai 'liv mai 'dog in ðə 'rum

Pagano il biglietto anche gli animali?	**Do I need a ticket for my pet too?** du ai 'nid ə 'tiket fo mai 'pet tu
Posso lasciare il cane libero nel parco?	**Can I let my dog off his leash in the park?** ken ai 'let mai 'dog of hiz 'liʃ in ðə 'pak
Posso portare il cane sulla spiaggia?	**Can I take my dog on the beach?** ken ai 'teik mai 'dog on ðə 'bic
Ho bisogno di una cuccia per gatto	**I need a cat's basket** ai 'nid ə 'kæts 'baskət

Is he quiet? Does he bite? iz hi 'kuaiət daz hi 'bait	È buono? Morde?

Stia tranquilla, non morde!	**Don't worry, he doesn't bite!** dount 'uari hi dazənt 'bait
Posso lasciare il cane qui per un momento?	**Can I leave my dog here for a second?** ken ai 'liv mai 'dog 'hiə for ə 'sekənd

Of course, but keep him on his leash ov 'kos bat 'kip him on hiz 'liʃ	Certo, ma lo leghi con il guinzaglio
My cat travels in his cage mai kæt 'trævəlz in hiz 'keiʤ	Il gatto viaggia nella sua gabbia
Pets are not allowed 'pets a not ə'laud	È vietato l'ingresso agli animali
Dogs must be kept on the leash 'dogz mast bi 'kept on ðə liʃ	Il cane va tenuto al guinzaglio
Dogs must wear a muzzle dogz mast 'ueər ə 'mazəl	Il cane deve avere la museruola
Dogs aren't allowed on the beach 'dogz ant ə'laud on ðə 'bic	I cani non possono accedere alla spiaggia

È stato vaccinato contro la rabbia	**He has been vaccinated against rabies** hi hæz bin 'væksin,eitid ə'genst 'reibiz
Ha fatto anche il richiamo	**He has had a booster too** hi hæz 'hæd ə 'bustə tu

Do you have his vaccination papers? du iu hæv hiz ,væksi'neiʃən 'peipəz	Ha il certificato delle vaccinazioni?

He'll have to be quarantined hil 'haf tə bi 'kuorəntind	Deve stare in quarantena
Hold him still, please 'hould him 'stil 'pliz	Lo tenga fermo, per favore
I'll have to anesthetize ail ˌhæf tə a'nisθətaiz	Lo devo addormentare

APPARTAMENTO, RESIDENCE

angolo cottura	**kitchenette**	kicə'net
appartamento	**flat / (*Am*) apartment**	flæt / ə'patmənt
contratto	**contract**	'kontrækt
cucina (*apparecchio*)	**cooker / stove**	'kukə / stouv
forno	**oven**	avn
forno a microonde	**microwave (oven)**	'maikroueiv avn
freezer	**freezer**	'frizə
inventario	**inventory**	'invəntri
lavastoviglie	**dishwasher**	'diʃuoʃə
lavatrice	**washing machine / (*Am*) washer**	ˌuoʃin mə'ʃin' uoʃə /
oggetto	**object**	'obʤekt
piatti	**plates / dishes**	pleits / 'diʃiz
posate	**cutlery**	'katleri
pulizie	**cleaning**	'klinin
residence	**service flats**	'səvis flæts
stoviglie	**crockery / dishes**	'krokəri / 'diʃiz

Vorrei un appartamento ammobiliato con sei letti	**I'd like a furnished apartment that sleeps six** aid laik ə 'fəniʃt ə'patmənt ðət 'slips siks
Quanto costa d'affitto alla settimana / al mese?	**How much is it per week / per month?** hau 'mac iz it pə 'uik / pə 'manθ

Quanto costa l'appartamento a settimana?	**How much per week is the flat?** hau 'mac pə 'uik iz ðə 'flæt
Nel prezzo sono comprese le spese di…?	**Are… expenses included in the price?** a … ik'spensiz in'kludid in ðə prais
Nell'appartamento ci sono lenzuola e coperte?	**Does the apartment have sheets and blankets?** daz ðə ə'patmənt həv 'shits ənd blænkits
La cucina è fornita di piatti e stoviglie?	**Does the kitchen have dishes?** daz ðə 'kicən həv 'ðiʃiz
Quanti bagni ci sono in tutto?	**How many bathrooms are there?** hau 'meni 'baθrumz a ðeə
C'è anche l'angolo cottura?	**Is there a kitchenette?** iz ðeər ə ˌkicən'et

You must sign a contract iu mast 'sain ə 'kontrækt	Deve firmare il contratto
You must sign an inventory of the objects in the apartment iu mast 'sain ən 'inventri əv ði 'obʤekts in ði ə'patmənt	Deve firmare l'inventario degli oggetti contenuti nell'appartamento

Nel mio appartamento manca il televisore	**There's no TV set in my apartment** ðeəz 'nou tivi 'set in mai ə'patmənt
Il telefono è guasto	**The phone is out of order** ðə 'foun iz aut əv 'odə
L'aria condizionata non funziona	**The air conditioning doesn't work** ðə 'eə kən'diʃənin ˌdazənt ˌuək

ASSICURAZIONE, DANNI

assicurazione	**insurance**	in'ʃuərəns
danno	**damage**	'dæmiʤ

franchigia	**insurance excess franchise**	in'ʃuərəns ik'ses fræn'caiz
indennizzo	**claim / reimbursement**	kleim / ˌriim'bəsmənt
massimale	**limit of liablity**	'limit əv laia'biliti
perdita	**loss**	los
riparazione	**repairs**	ri'peəz
risarcimento	**reimbursement**	ˌriim'bəsmənt

Stia attento!	**Be careful! Watch out!** bi 'kæful / ˌuoc 'aut
Mi ha rotto gli occhiali	**You broke my glasses!** iu 'brouk mai 'glasiz
Lei mi deve risarcire	**You have to pay for damages** iu hæf tə 'pei fə 'dæməʤiz
Per favore mi dia il suo nome e indirizzo	**Please give me your name and address** 'pliz 'giv mi io 'neim ənd ə'dres
Lei è assicurato?	**Are you insured?** a iu in'ʃod
Mi scusi, non l'avevo vista	**I'm sorry, I didn't see you** aim 'sori ai didənt 'si iu
Mi scusi, che cosa posso fare?	**I'm sorry, what can I do?** aim 'sori 'uot ken ai 'du
Non si preoccupi, sono assicurato	**Don't worry, I am insured** dount 'uari aim in'ʃuərd
Ho urtato la sua auto, mi chiami al numero…	**I bumped into your car, call me at…** ai 'bampt intə io 'ka. 'kol mi ət

AUTOBUS, TRAM

Dov'è la stazione degli autobus?	**Where's the bus station?** ueəz ðə 'bas 'steiʃn
Mi può dare gli orari degli autobus per…?	**Can you give me the times for the buses to...?** ken iu 'giv mi ðə 'taimz fo ðə 'basiz tu

Ha una cartina della rete dei trasporti?	**Do you have a public transport map?** du iu hæv ə 'pablik 'transpot 'mæp
Quale autobus mi porta a…?	**Which is the bus to…?** uic iz ðə 'bas tu…
Con che frequenza passa il…?	**How often does… pass?** hau 'ofən daz 'pas
A che ora passa l'ultimo autobus?	**What time is the last bus?** uot 'taim iz ðə 'last 'bas
Ci sono autobus notturni?	**Are there any night buses?** a ðeə eni 'nait 'basiz
Dove si compra il biglietto?	**Where do you buy tickets?** 'ueə du iu 'bai 'tikits

There is a ticket machine ðeə iz ə 'tikit mə'ʃin	C'è il distributore automatico (*di biglietti*)
You buy tickets on the bus iu 'bai 'tikits on ðə bas	Il biglietto si fa direttamente in vettura

Quanto costa una corsa singola?	**How much is a single ticket?** hau 'mac iz ə 'singəl 'tiket
Quanto costa il tesserino settimanale?	**How much is a weekly pass?** hau 'mac iz ə 'uikli ˌpas
Ci sono abbonamenti per studenti?	**Do you have students' passes?** du iu hæv 'stiudənts 'pasiz
Vorrei un biglietto da dieci corse	**I'd like a ticket for ten trips** aid 'laik ə 'tiket fo 'ten 'trips

Ask the conductor 'ask ðə kən'daktə	Chieda al bigliettaio

Dov'è la fermata dell'autobus numero… in direzione…?	**Where's the stop for bus number… going to…?** ueəz ðə 'stop fo 'bas 'nambə… 'gouin tu
Questo autobus passa da via…?	**Does this bus go to…?** daz 'ðis 'bas gou tu

No, you need to get the… bus 'nou iu 'nid tə get ðə …'bas	No, deve prendere il…

È questa la fermata per il museo?	**Is this the stop for the museum?** is 'ðis ðə 'stop fo ðə miu'ziəm
Permesso, devo scendere!	**Excuse me, I need to get off!** ik'skiuz mi ai 'nid to 'get 'of
Dove devo scendere per...?	**Where should I get off for...?** ueə ʃud ai 'get 'of fo

At the next stop ət ðə 'nekst stop	Alla prossima
At the fourth stop ət ðə 'foθ stop	Mancano quattro fermate
The bus terminates here / This is the end of the line ðə 'bas temin'eits hiə / ðis is ði 'end əv ðə 'lain	Siamo al capolinea

AUTOMOBILE

air bag	**air bag**	eə'bæg
antifurto	**car alarm**	'kar ə'lam
autoradio	**car stereo**	'ka 'steriou
avantreno	**forecarriage**	'fokæriʤ
bagagliaio	**boot / (*Am*) trunk**	but / trank
battistrada (*di pneumatico*)	**tread**	træd
carrozzeria	**bodywork**	'bodiuok
chiave di accensione	**ignition key**	ig'niʃn 'ki
cintura di sicurezza	**seatbelt**	'sitbelt
clacson	**horn**	hon
cofano	**bonnet / (*Am*) hood**	'bonit / hud
contachilometri	**odometer / mileometre**	ou'domitə / mail'omitə
contagiri	**rev counter**	rev 'kauntə
coprimozzo	**hub-cap**	hab'kæp
cruscotto	**dashboard**	'dæʃbod
deflettore	**quarterlight / (*Am*) vent window**	kuotə' lait / ˌvent 'uindou

fari	**headlights**	'hedlaits
abbaglianti	**(headlights on) / full beam**	'hedlaits on / 'ful bim
anabbaglianti / mezzi fari	**dipped headlights**	dipd 'hedlaits
fendinebbia / da nebbia	**fog lights**	'fog laits
finestrino	**window**	'uindou
freno a mano	**hand brake**	'hænd breik
gomma	**tire / (*Am*) tyre**	taiə
indicatore di direzione / freccia	**indicator (light) / (*Am*) turn signal**	'indikeitə 'lait / 'tən 'signəl
interruttore dei fari	**headlight switch**	'hedlait 'suic
lampeggiatore	**indicator / (*Am*) blinker / turn signal**	'indikeitə / blinkə / 'tən 'signəl
lavavetro	**windscreen wash / (*Am*) windshield cleaner**	'uindskrin 'uoʃ / 'uindʃild 'klinər
leva del cambio	**gear lever / (*Am*) gear shift**	'giə livə / 'giə ʃift
luci di posizione	**side lights**	'said laits
luci di retromarcia	**reverse lights**	ri'vəs laits
lunotto	**rear window**	'riə 'uindou
maniglia	**handle**	'hændl
parabrezza	**windscreen / (*Am*) windshield**	'uindskrin / 'uindʃild
parafango (*carrozzeria*)	**wing / (*Am*) fender**	uin / 'fendə
paraurti	**bumper**	'bampə
pedale del freno	**brake pedal**	'breik 'pedl
dell'acceleratore	**accelerator pedal / (*Am*) gas pedal**	æk'selə,reitə 'pedl / gæs 'pedl
della frizione	**clutch pedal**	'klac 'pedl
pneumatico	**tyre / (*Am*) tire**	'taiə
portapacchi	**roof-rack**	'rufræk
portiera	**door**	do
portellone	**hatchback**	'hæc bæk
quadro	**instrument panel**	'instrumənt 'pænl
ruota	**wheel**	uil

ruota di scorta	**spare wheel**	'speə uil
serratura	**lock**	lok
spazzole *(del tergicristalli)*	**wiper blades**	'uaipə 'bleidz
specchietto retrovisore	**rear-view mirror**	'riə viu 'mirə
spia livello carburante	**petrol gauge / *(Am)* gas gauge**	'petrəl geiʤ / 'gæs geiʤ
pressione olio	**oil pressure gauge**	'oil preʃə 'geiʤ
temperatura acqua	**water temperature gauge**	'uotə 'tempərəcə 'geiʤ
tergicristalli	**windscreen wiper / *(Am)* windshield wiper**	'uindskrin 'uaipə / 'uindʃild 'uaipə
sportello	**door**	do
sterzo	**steering**	'stirin
stop	**stop light**	'stop lait
tachimetro	**speedometre**	spi'dəmitə
tetto	**roof**	ruf
veicolo	**vehicle**	'viikəl
volante	**steering wheel**	'stirin 'uil

BAMBINI

bambino	**child**	caild
bavaglino	**bib**	bib
biberon	**baby's bottle**	'beibiz 'botl
carrozzina	**pram / baby carriage**	præm / 'beibi kæriʤ
ciuccio	**dummy / *(Am)* pacifier**	'dami / 'pæsifaiə
culla	**cradle**	'kreidl
giocattolo	**toy**	toi
lettino	**cot**	kot
mutandina	**pants, underpants**	pænts / 'andəpænts
neonato	**newborn baby**	''niubon 'beibi
omogeneizzato	**homogenized**	hə'moʤənaizd

pannolino	**nappy / (*Am*) diaper**	næpi' / daipə
pappa	**baby food / pap**	'beibi fud / pæp
parco giochi	**playground**	'plaigraund
passeggino	**pushchair / (*Am*) stroller**	'puʃceə / 'stroulə
scaldabiberon	**bottle warmer**	botl 'uomə
seggiolone	**high-chair**	'hai 'ceə

Dove posso riscaldare il biberon?	**Where can I warm the baby's bottle?** 'ueə kæn ai 'uom ðə 'beibiz 'botəl
Si può sterilizzare?	**Can I sterilize it?** kæn ai 'sterilaiz it
Dove posso cambiare il bambino?	**Where can I change the baby?** 'ueə kæn ai 'ceinʤ ðə 'beibi
Dove si buttano i pannolini?	**Where do you dispose of the nappies / diapers?** 'ueə du iu dis'pous əv ðə 'næpiz / 'daipəz
Mi può portare un seggiolone?	**Could you bring me a high-chair, please?** kæn iu 'brin mi ə 'hai'ceə
Avete un menù speciale per i bambini?	**Do you have a special children's menu?** du iu hæv ə 'speʃəl 'cildrənz 'meniu
Viaggio con un bambino di tre anni	**I'm travelling with a three year old child** aim 'trævəlin uið ə 'θri iir ould 'caild
Il bambino paga per intero?	**Do children pay full price?** du 'cildrən 'pei ful 'prais
Il bambino si siede sulle mie ginocchia	**The baby will sit on my lap** ðə 'beibi uil 'sit on mai 'læp
Vorrei una babysitter per stasera	**I need a babysitter for tonight** ai 'nid ə 'beibiˌsitə fo tu'nait
Ci sono aree dedicate ai bambini?	**Do you have special children's areas?** du iu hæv 'speʃəl 'cildrənz 'eəriəz
Il bambino può giocare qui?	**Can the child play here?** ken ðə 'caild plai 'hiə
Ci sono attrezzature per i bambini?	**Are there children's facilities?** a ðeə 'cildrənz fə'silitiz

Sono previste riduzioni sotto i 6 anni?	**Is there a lower price for children under 6?** iz ðeər ə 'louə 'prais fo 'cildrən 'andə 'siks
Ci sono sconti per i ragazzi?	**Are there reductions for children?** a ðeə rə'dakʃəns fo 'cildrən
C'è la piscina per bambini?	**Is there a children's swimming pool?** iz deər ə 'cildrənz 'suimin pul
Vorrei chiamare un pediatra	**I'd like to call a pediatrician** aid ˌlaik tə 'kol ə 'pidiə'triʃən

BANCA, SPORTELLO AUTOMATICO

assegno	**cheque**	cek
banca	**bank**	bænk
Bancomat (*carta*)	**debit card**	'debit 'ka
Bancomat (*sportello automatico*)	**cash point / cash dispenser / cash machine / (*Am*) automatic teller**	'kæʃ point / 'kæʃ di'spensə / 'kæʃ mə'ʃin / otə'matik 'tælə
banconote	**bank notes / (*Am*) bills**	'bænk nouts / bilz
bonifico	**money transfer**	'mani trənsfə
cambio	**exchange**	iks'ceinʤ
carta di credito	**credit card**	'kredit 'kad
cassa	**cash desk**	'kæʃ desk
commissione	**commission**	kə'miʃən
contanti	**cash**	'kæʃ
conto (*bancario*)	**bank account**	'bænk ə'kaunt
denaro	**money**	'mani
modulo	**form**	fom
monete	**coins**	koinz
prelievo	**withdrawal**	uið'droəl
soldi	**money**	'mani
spiccioli	**small change**	'smol ceinʤ
sportello	**window / counter**	'uindou / 'kauntə
valuta	**currency**	'karənsi

Dov'è la banca più vicina?	**Where's the nearest bank?** 'ueəz ðe 'niərəst 'bænk
C'è un ufficio di cambio?	**Is there an exchange office?** iz 'ðeər ən iks'ceinʤ 'ofis
Qual è l'orario di apertura?	**What are the opening times?** 'uot a ði 'oupənin 'taimz
Voglio cambiare 10 euro in...	**I want to change 10 euros into...** ai uont to 'ceinʤ ten iuros 'intu...
Vorrei incassare questi traveller's cheque / Eurocheque	**I'd like to cash these traveller's cheques / Eurocheques** aid 'laik tə 'kæʃ ðiz 'trævləz 'ceks / i'uro''ceks
Vorrei fare un prelievo di...	**I'd like to make a withdrawal of...** aid 'laik tə 'meik ə uiθ'droəl ov...
Posso usare la carta di credito?	**Can I use my credit card?** kæn ai 'iuz mai 'kredit 'kad
Vorrei delle banconote da...	**I'd like... notes / (*Am*) bills** aid 'laik 'nouts / 'bilz
Mi dà delle monete da...?	**Can you give me... coins?** ken iu 'giv mi 'koinz

Cash dispenser 'kæʃ di'spensə	Sportello automatico
Please wait 'pliz ueit	Si prega di attendere
Please insert the card 'pliz in'sert ðə 'kəd	Inserire la carta
Please enter your PIN number 'pliz 'entə io 'pin 'nambə	Comporre il numero segreto
Please choose a service 'pliz ciuz ə sevis	Scegliere l'operazione desiderata
Statement of account 'steitmənt of ə'kaunt	Estratto conto
Balance 'bælans	Saldo
Display balance on screen dis'plei 'bælans on skrin	Visualizzazione del saldo
Cash with receipt 'kæʃ uiθ ri'sit	Prelievo con ricevuta

Please select the amount 'pliz si'lekt ðə ə'maunt	Scegliere l'importo
Please press "enter" to confirm or "cancel" to abort transaction 'pliz pres 'entə tu kon'fem o 'kænsl tu ə'bot trən'zəkʃn	Premere "esegui" oppure "annulla"
Please remove your card 'pliz ri'muv io 'kəd	Ritirare la carta
Please take your slip 'pliz 'teik io zlip	Ritirare il promemoria
Please take your cash 'pliz 'teik io 'kæʃ	Ritirare le banconote

BEVANDE

acqua	**water**	'uotə
gassata	**fizzy**	fizi
minerale	**mineral**	'minərəl
naturale	**natural**	'næcərəl
tonica	**tonic**	'tonik
acquavite (*grappa*)	**grappa**	gra'pə
aperitivo	**aperitif**	ə,perit'if
aranciata	**orangeade**	,orinʤ'eid
bevande	**drinks**	'drinks
birra	**beer**	biə
alla spina	**draught**	draft
chiara / rossa / scura	**lager / pale ale, bitter / brown ale stout**	'lagə / pæl 'æl bitə / braun 'æl 'stout
piccola / media / grande	**small / medium / large**	smol / 'midiəm / laʤ
bottiglia	**bottle**	'botəl
brandy	**brandy**	'brændi
champagne	**champagne**	ʃæm'pein
cocktail	**cocktail**	'kokteil
cognac	**cognac**	'koniæk
gassosa	**soda**	'soudə

ghiaccio	**ice**	ais
lattina	**can**	kæn
limonata	**lemonade**	ˌlemən'eid
liquore	**liqueur**	li'kiuə
rum	**rum**	ram
sidro	**cider**	'saidə
spremuta	**juice**	ʤus
spumante	**sparkling wine / spumante**	'spaklin 'uain / spu'mænti
vermut	**vermouth**	'vəməθ
vino	**wine**	uain
amabile / secco	**sweet / dry**	suit / 'drai
bianco / rosé / rosso	**white / rosé / red**	uait / rouz'ei / red
da dessert	**dessert**	də'zət
della casa / del posto	**house / local**	haus / 'loukəl
di marca	**brand-name**	'brænd neim
in bottiglia	**bottle of**	botl əv
in caraffa (*sfuso*)	**carafe of**	kə'ræf əv
vodka	**vodka**	'vodka
whisky	**whisky**	'uiski
con ghiaccio	**on the rocks**	'on ðə 'roks
con soda	**and soda**	ənd 'soudə
liscio	**neat / (*Am*) straight**	nit / streit

Mi porti un aperitivo alcolico / analcolico

I'd like an aperitif / a non-alcoholic aperitif aid 'laik ən əˌperi'tif / ə non'ælkəholik əˌperi'tif

Would you like the house aperitif? ud iu 'laik ðə 'haus əˌperi'tif — Vuole l'aperitivo della casa?

Potrei avere una cannuccia?

May I have a straw, please? mei ai 'hæv ə 'stro, pliz

What would you like to drink? uot ud iu 'laik tə 'drink — Che cosa ordina da bere?

Può portare la lista dei vini?

Could you bring the wine list? kud iu 'brin ðə 'uain list

Una bottiglia / una caraffa di...

A bottle / a carafe of... ə 'botəl / ə kər'æf əv...

Prenderò una birra	**I'll have a beer** ail hæv ə 'biə
Quali marche di birra avete?	**What kinds of beer do you have?** uot 'kaindz əv 'biə du iu 'hæv

CACCIA, PESCA

amo	**fish hook**	'fiʃ huk
attrezzi da pesca	**fishing tackle**	'fiʃin 'tækl
bigattino / baco	**maggot**	'mægət
caccia	**hunting**	'hantin
caccia subacquea	**underwater fishing**	'andəuotə 'fiʃin
cacciatore	**hunter**	'hantə
canna da pesca	**fishing rod**	'fiʃin rod
carniere	**game bag**	'gaim bag
cartuccia	**cartridge**	'katriʤ
doppietta	**double-barrelled gun**	'dabl 'bærld gan
esca	**bait**	beit
fiocina	**harpoon**	ha'pun
fucile (*da caccia*)	**rifle**	'raifl
fucile subacqueo	**spear gun**	'spiə gan
galleggiante	**float**	'flout
larva di mosca carnaria	**maggot**	'mægət
lenza	**fishing line**	'fiʃin 'lain
licenza di caccia	**shooting licence**	ʃutin 'laisns
licenza di pesca	**fishing licence**	'fiʃin 'laisns
lombrico	**worm**	uəm
mulinello	**fishing reel**	'fiʃin ˌril
munizioni	**ammunition**	ˌæmiə'niʃn
pallettoni	**large shots**	'laʤ 'ʃots
pallini	**shots / pellets**	' ʃots / 'pelits
pesca	**fishing**	'fiʃin
pesca alla lenza	**angling**	'ænglin
pesca a mosca	**fly fishing**	'flai 'fiʃin
pesca d'altura	**deep sea fishing**	'dip si 'fiʃin
pescatore	**fisherman**	'fiʃəmæn

piombo	**lead weight**	'led ueit
proiettile	**bullet**	'bulit
safari	**safari**	səfari
selvaggina	**game**	geim
sub	**skin diver**	'skin daivə
verme	**worm**	uəm

C'è una riserva di caccia da queste parti?	**Is there a hunting reserve near here?** iz ðeər ə 'hantin rə'zəv niə 'hiə

Hunting season is open, but only for wild boars 'hantin 'sizən iz 'oupən bat 'ounli fo 'uaild boz	È aperta la caccia, ma solo al cinghiale
For other game, you'll have to wait for 'aθə 'geim iul haf tə ueit	Per l'altra selvaggina, bisogna aspettare

Ci sono capanni?	**Are there any shooting lodges?** a ðeər 'eni 'ʃutin 'lodʤiz
Quali sono le specie protette?	**What species are protected?** uot 'spisiz a prə'tektid
Vorrei noleggiare una canna da pesca	**I'd like to hire a fishing rod** aid 'laik tu haiə ə 'fiʃin 'rod
Quanto costa la licenza?	**How much does the licence cost?** 'hau mac daz ðə ˌlaisens kost
È possibile pescare qui?	**Can you fish here?** ken iu 'fiʃ 'hiə

Underwater fishing is allowed 'andəuotə 'fiʃin iz ə'laud	È ammessa la pesca subacquea

CALCIO E ALTRI SPORT DI SQUADRA

amichevole	**friendly**	'frendli
arbitro	**referee**	refə'ri
area (*di rigore*)	**penalty area**	'penəlti 'eəriə
attacco	**attack**	ə'tæk

bomber	**striker**	'straikə
calciatore	**player**	'pleiə
calcio	**football / soccer**	'futbol / 'sokə
calcio d'angolo	**corner (kick)**	'konə 'kik
calcio d'inizio	**kick-off**	kik 'of
calcio di punizione	**free kick**	'fri kik
campo di gioco	**pitch / field / ground**	pic / fild / 'graund
cannoniere	**scorer**	'skorə
capocannoniere	**top scorer**	'top 'skorə
cartellino giallo	**yellow card**	'ielou 'kad
cartellino rosso	**red card**	'ræd 'kad
centrocampo	**midfield**	ˌmid'fild
classifica	**league table**	'lig 'teibl
cross	**cross**	kros
difesa	**defense**	di'fens
eliminazione	**elimination**	iˌlimi'neiʃn
fallo	**foul**	'faul
finale	**final**	'fainl
fischio	**whistle**	'uisl
giocatore	**player**	'pleiə
guardalinee	**linesman**	'lainzmæn
incontro	**match / game**	mæc / geim
maglia	**jersey**	ɠəzi
pallone	**ball**	bol
partita	**match / game**	mæc / geim
fuori casa	**away match**	ə'uei mæc
in casa	**home match**	'houm mæc
passaggio	**pass**	pas / ɑm pæs
portiere	**goal keeper**	'goulkipə
quarti di finale	**quarter finals**	'kuotə 'fainlz
rete ***(gol)***	**goal**	'goul
rigore	**penalty (kick)**	'penəlti 'kik
ripresa / secondo tempo	**second half**	'sekənd hæf
semifinale	**semifinal**	ˌsemi 'fainəl
sostituzione	**substitution**	ˌsabsti'tuʃn
squadra	**team**	tim
squalifica	**disqualification**	disˌkuolifi'keiʃn
stadio	**stadium**	'steidiəm
tempo	**time**	'taim

tempo (*primo / secondo*)	**half**	hæf
tiro	**shot / kick**	ʃot / kik
traversone	**cross**	kros
tribuna	**stands**	stændz

È cominciato il campionato di calcio	**The football season has started** ðə fut'bol sizən hæz 'statid
Quali squadre giocano?	**What teams are playing?** uot 'timz a 'pleiin
Vorrei andare a vedere una partita	**I'd like to go to see a match** aid 'laik tə ˌgou tə 'si ə 'mæc
Dove si trovano i biglietti per domenica prossima?	**Where can I get tickets for next Sunday?** 'ueə kæn ai 'get 'tikets fo ˌnekst 'sandi
Ci sono posti numerati?	**Is it reserved seating?** iz it rə'zəvd 'sitin
Qual è il punteggio?	**What's the score?** ˌuots ðə 'sko
Chi ha segnato?	**Who scored?** ˌhu skod
Chi ha vinto?	**Who won?** ˌhu 'uan

CAMPEGGIO

allacciamento	**utilities hook-up**	iu'tilitiz 'hukap
bungalow	**bungalow**	'bangəlou
campeggio	**campsite / (*Am*) camp ground**	kæmp'sait / 'kæmp graund
camper	**camper / camper van**	'kæmpə / 'kæmpə væn
doccia	**shower**	'ʃauə
gabinetti	**toilets**	'toilits
piazzola	**place / space**	pleis / speis
ristorante self service	**self-service restaurant**	self'sevis 'restəront

roulotte	**caravan / (*Am*) trailer**	kærəvæn / 'treilə
spaccio	**shop / (*Am*) store**	ʃop / sto
tenda (*da campeggio*)	**tent**	tent

C'è un campeggio nelle vicinanze?	**Is there a campsite nearby?** iz ðeər ə kæmp 'sait niə'bai
Si può fare campeggio libero?	**Can you camp in the wild?** kæn iu 'kæmp in ðə uaild
Unauthorized camping is not allowed an'oθəraizd kæmpin iz not əl'aud	Il campeggio non autorizzato è vietato
Avete posto?	**Do you have spaces available?** du iu hæv 'speisiz ə'veiləbl
Dove possiamo mettere la tenda?	**Where can we put up the tent?** 'ueə kæn ui put 'ap ðə 'tent
Quanto costa al giorno?	**How much is it per day?** hau 'mac iz 'it pə 'dei
For how many people? fo 'hau meni 'pipəl	Per quante persone?
Quanto costa con l'automobile / con la moto?	**How much is it including the car / the motor bike?** hau 'mac iz it in'kludin ðə 'ka / 'moutəbaik
Il costo degli allacciamenti è compreso?	**Does that include utilities?** daz 'ðæt in'klud iu'tilitiz
Dove sono i gabinetti / le docce?	**Where are the toilets / showers?** 'ueə a ðə 'toiləts / 'ʃauəz
Dov'è lo spaccio?	**Where's the shop?** 'ueəz ðə ʃop
A che ora dobbiamo partire?	**What's the check out time?** 'uots ðə 'cek aut 'taim
Possiamo depositare dei valori in direzione?	**Can we leave some valuables in the office?** 'kæn ui liv sam 'væliuəblz in ði 'ofis

CARTELLI, AVVISI DIVERSI

bank opening hours	bænk 'oupnin 'ouəz	orario di sportello (*banca*)
beware of the dog	bi'ueər əv ðə dog	attenti al cane
break glass	breik 'gla̱s	rompere il vetro
closed	klouzd	chiuso
closing time	'clousin taim	orario di chiusura
contact...	kəntækt	rivolgersi a...
danger	'deinʤə	pericolo
do not cross	du not 'kros	non attraversare
do not disturb	du not dis'tə̱b	non disturbare
do not touch	du not 'tac	non toccare
do not use the lift / elevator in case of fire	du 'not iu̱z ðə 'lift / ˌelə'veitə in 'keis əv faiə	non usare l'ascensore in caso di incendio
emergency exit	i'mə̱ʤənsi ˌeksit	uscita di emergenza
engaged	in'geiʤd	occupato
entrance	'entrəns / (*Am*) en'trans	entrata / ingresso
escalator	'eskəleitə	scala mobile
exit	'eksit	uscita
fire extinguisher	'faiər ik'stinguiʃə	estintore
follow the signs	'folou ðə sainz	seguire i cartelli
for sale	fo 'seil	vendesi
free	fri̱	libero
free admission	fri̱ əd'miʃn	entrata libera
full	ful	completo (*parcheggio*)
gentlemen / gents	'ʤentlmen / 'ʤents	signori
high voltage	'hai voultiʤ	alta tensione
hire / (*Am*) rent	'haiə / rent	noleggio
hospital	'hospitl	ospedale
information	infə'meiʃn	informazioni
keep off the grass	'ki̱p of ðə 'gra̱s	non calpestare l'erba
ladies	leidis	signore
lift / elevator	lift / 'eləveitə	ascensore
litter	'litə	rifiuti

CARTELLI, AVVISI DIVERSI

no admittance / keep out	nou əd'mitns 'kip aut	**vietato l'ingresso**
no smoking	nou 'smoukin	**vietato fumare**
no trespassing	nou 'trespəsin	**vietato l'accesso**
no vacancies	nou 'veikənsiz	**completo (*albergo / pensione*)**
not in service	not in 'səvis	**fuori servizio**
open	'oupən	**aperto**
opening time	'oupnin taim	**orario di apertura**
out of order	ˌaut əv 'odə	**guasto**
out of service	ˌaut əv 'səvis	**guasto**
please…	pliiz	**si prega di…**
police	pə'lis	**polizia**
post office	'poust 'ofis	**posta**
press the button	'pres ðə 'batn	**premere il pulsante**
private property / no trespassing	'praivit 'propəti / nou 'trespəsin	**proprietà privata vietato l'accesso**
pull	pul	**tirare**
push	puʃ	**spingere**
reopens at…	ˌri'oupens ət	**si riapre alle…**
reserved	rə'zəvd	**prenotato**
ring	rin	**suonare**
sign	sain	**cartello**
signal	'signəl	**segnale**
silence	'sailəns	**silenzio**
sold out	'sould aut	**tutto esaurito**
staff only	'staf ounli	**riservato al personale**
stairs	steəz	**scale**
telephone	'telifoun	**telefono**
the fire brigade / (*Am*) fire deparment	ðə faiə bri'geid / faiə di'patmənt	**pompieri**
ticket office	'tiket 'ofis	**biglietteria**
timetable / (*Am*) schedule	'taimteibl / 'skeʤul	**orario (tabella)**
toilet	'toilət	**toilette**
to let / (*Am*) for rent	tə 'let / fo 'rent	**affittasi**
turn right / left	tən rait / left	**girare a destra / sinistra**
warning / caution	'uonin / koʃn	**attenzione**
warning / notice	'uonin / 'noutis	**avviso**

wet paint	'uet peint	**pittura fresca**
work in progress	'uək in 'prougres	**lavori in corso**

CARTELLI E SEGNALI STRADALI

attention	ə'tenʃn	**attenzione**
avalanches	'ævəlanʃiz	**valanghe**
barrier… km ahead	'bæriə ki'lometəz ə'hed	**barriera a km…**
bends for… km	'bendz fo ki'lometəz	**curve per km…**
danger	'deinʤə	**pericolo**
diversion / (*Am*) detour	dai'vəʃn / 'dituə	**deviazione**
do not use car horns	du not 'iuz 'ka honz	**zona del silenzio**
driveway	'draivuei	**passo carrabile**
entrance / way in	'entræns / 'uei in	**entrata**
fog banks	'fog bænks	**banchi di nebbia**
ice / icy road	ais / 'aisi 'roud	**ghiaccio**
impassable road	im'pasəbəl 'roud	**strada interrotta**
information	infə'maiʃn	**informazioni**
keep right / (*Am*) close right	'kip 'rait / klous rait	**serrare a destra**
landslide	'lændslaid	**frana**
level crossing / (Am) grade crossing	'lævl 'krosin / 'greid krosin	**passaggio a livello**
limited traffic zone	'limitəd 'træfik 'zoun	**zona a traffico limitato**
lorry / truck exit	'lori / trak 'eksit	**uscita autocarri**
no	'nou	**divieto**
no entry	'nou 'entri	**di accesso**
no through traffic	'nou 'θru 'træfik	**di circolazione**
no U turns	'nou iu tənz	**d'inversione a U**
no overtaking / (*Am*) do not pass	'nou ˌouvə'teikin / du 'not 'pæs	**di sorpasso**
no parking	'nou 'pakin	**di sosta**
no right turning	'nou 'rait 'tənin	**di svolta a destra**

no	'nou	**divieto**
no left turning	'nou left 'tənin	**di svolta a sinistra**
no dumping	'nou 'dampin	**di abbandonare rifiuti**
no through road / dead end	nou θru 'roud / 'dæd 'end	**strada senza uscita**
not in service	'not in 'səvis	**fuori servizio (bus / traghetto)**
out of order	'aut əv 'oudə	**fuori servizio /guasto**
parking	'pakin	**parcheggio**
parking restrictions area	'pakin ri'strikʃnz 'eəriə	**zona a sosta regolamentata**
pedestrian crossing / (*Am*) crosswalk	pə'destrian 'krosin / 'krosuok	**passaggio pedonale**
pedestrian precinct / (*Am*) traffic-free zone	pi'destriən 'prisinkt / 'træfik 'fri 'zoun	**zona pedonale**
police / (*Am*) highway police	pə'lis / 'haiuei pə'lis	**polizia stradale**
private property	'praivət 'proupəti	**proprietà privata**
queues likely / (*Am*) lines	'kiuz 'laikli / lainz	**possibilità di code**
residents parking	'rezidents 'pakin	**parcheggio riservato ai residenti**
road markings in progress	'roud 'makins in 'prougres	**segnaletica (orizzontale) in rifacimento**
road sign / signpost	'roudsain / 'sainpoust	**cartello / segnale (stradale)**
slippery road	'slipəri 'roud	**strada sdrucciolevole**
slow down	'slou 'daun	**rallentare**
snow chains compulsory / (*Am*) use of chains mandatory	'snou ceinz kəmpal'səri / 'ius əv ceinz 'mandətəri	**obbligo di catene**
tunnel	'tanəl	**galleria**
turn off engine while waiting	'tən of 'enʤin uail 'ueitin	**in sosta spegnere il motore**
turn on headlights	'tən on hed'laits	**accendere i fari**
uneven surface	an'ivn 'sərfis	**strada deformata**
warning	'uonin	**avviso / attenzione**
work in progress	'uək in 'prougrəs	**lavori in corso**

CARTOLERIA

album da disegno	drawing book	'droin buk
astuccio	pencil case	'pensl 'keis
bianchetto	correction fluid	kə'rekʃn 'fluid
biro	ball point pen	'bol point pen
bloc notes	notebook	'noutbuk
busta	envelope	'envəloup
carta	paper	'peipə
a righe	lined paper	'laind 'peipə
a quadretti	squared paper	skueərd 'peipə
da disegno	drawing paper	'droin 'peipə
da lettere	writing paper	'raitin 'peipə
da pacchi	brown paper	braun 'peipə
da regalo	wrapping paper	'ræpin 'peipə
formato A4	A4 paper	'ei fo 'peipə
cartoleria	stationer's (shop)	'steiʃənərz ʃop
cartolina	postcard	'poustkad
colla	glue	'glu
in stick	glue stick	'glu stik
colori	colours / paints	'kaləz / 'peints
acrilici	acrylic (paints)	ə'krilik 'peints
ad acquarello	water colours	uotə 'kaləz
a olio	oils	oilz
a tempera	tempera	tempərə
elastici	elastic bands	i'læstik bændz
etichette	labels	'leibəlz
evidenziatore	highlighter	'hailaitə
foglio di carta	sheet of paper	'ʃit əv 'peipə
giocattolo	toy	toi
gomma (*per cancellare*)	eraser	i'reizə
graffette	paper clips	'peipə klips
inchiostro	ink	ink
inchiostro di china	indian ink	'indiən ink
matita	pencil	'pensil
matita colorata	colouring crayon	'kalərin 'kreiən
mina	pencil lead	'pensl led

nastro per macchina da scrivere	**typewriter ribbon**	'taipraitə ribən
pastelli	**pastels**	'pæstlz
pennarello	**felt pen**	'felt pen
penna stilografica	**fountain pen**	'fauntin pen
pennello	**brush**	braʃ
punti metallici	**staples**	'steiplz
puntine da disegno	**drawing pins**	'droin pinz
quaderno	**notebook**	'noutbuk
a quadretti	**squared / (*Am*) checkered**	skueəd / 'cekəd
a righe	**lined**	'laind
riga	**ruler**	'rulə
righello	**ruler**	'rulə
spago	**string**	strin
squadra	**(set) square**	set 'skueə
taccuino	**notebook**	'noutbuk
temperamatite	**pencil sharpener**	'pensəl ˌʃapnə

CASALINGHI, UTENSILI, FERRAMENTA

accendigas	**gas-lighter**	ˌgæs 'laitə
acciaio	**steel**	stil
acciaio inossidabile	**stainless steel**	ˌsteinləs 'steel
alluminio	**aluminium / (*Am*) aluminum**	ˌæliə'miniəm / ə'luminəm
anticalcare	**descaler**	di'skeilə
apribottiglie	**bottle-opener**	'botl ˌoupənə
apriscatole	**can-opener**	'kæn oupənə
brillantante	**rinse agent**	'rins 'eiʤənt
cacciavite	**screw-driver**	'skrudraivə
candela	**candle**	'kændl
candeggina	**bleach**	blic
casalinghi	**household goods**	'haushould 'gudz
casseruola	**saucepan**	'sospən / (*Am*) 'sospæn
cavatappi	**cork-screw**	'kokskru

chiodo	**nail**	'neil
coltello	**knife**	'naif
coperchio	**lid**	lid
corda per stendere (*il bucato*)	**clothes line**	'klouðz / 'klouz 'lain
dado (*per vite*)	**nut**	nat
detersivo	**detergent**	di'tə̲ʤənt
detersivo in polvere	**washing powder**	'uoʃin 'paudə
detersivo liquido	**liquid detergent**	' likuid di'tə̲ʤənt
per bucato a mano	**hand washing**	'hænd uoʃin
per lavatrice	**powder / liquid washing machine**	'paudə / 'likuid 'uoʃin ma'ʃi̲n
per piatti	**powder / liquid washing up**	'paudə / 'likuid 'uoʃin ap
per lavastoviglie	**liquid / powder dishwasher powder / ablets**	'likuid / 'paudə 'diʃuoʃə 'paudə / tæblətz
per piastrelle	**tile cleaner**	'tail 'kli̲nə
ferro smaltato	**enamelled cast iron**	i'næmld 'ka̲st 'aiən
fiammiferi	**matches**	'mæciz
forbici	**scissors**	'sizəz
grattugia	**grater**	'greitə
guanti di gomma	**rubber gloves**	'rabə glavz
infrangibile	**unbreakable**	ˌan'brækəbl
lima	**file**	'fail
martello	**hammer**	'hæmə
mollette da bucato	**clothes pegs / (*Am*) clothes pins**	'klouðz pegz / 'klouz pinz
nastro adesivo	**adhesive tape**	əd'hi̲ziv teip
padella	**pan**	pæn
pattumiera	**dustbin / (*Am*) garbage can**	'dastbin / 'ga̲biʤ kæn
pentola	**pot**	pot
plastica	**plastic**	'plæstik
rame	**copper**	'kopə
sacchetti per la spazzatura	**waste bags / dustbin bags / (*Am*) trash bags**	'ueist bægz / 'dastbin bægz / 'træʃ bægz
sapone	**soap**	'soup
scolapasta	**colander**	'koləndə
scopa	**broom**	bru̲m

secchio	**bucket**	'bakit
spugna (*panno spugna*) da cucina	**sponge cloth**	'spanʤ kloθ
strofinaccio per pavimenti	**floor rag / cloth**	'flo ræg / kloθ
strofinaccio (*per piatti*)	**tea-towel**	ˌti'tauəl
sveglia	**alarm clock**	ə'lam klok
tappo (*di bottiglia*)	**cork**	kok
tappo (*di lavandino / vasca*)	**plug**	plag
teglia	**baking tin**	'beikin tin
temperino	**penknife**	ˌpen'naif
tenaglie	**pliers**	'plaiəz
thermos	**vacuum flask / Thermos® flask**	'vækuoum flæsk / 'θeməs flæsk
tovaglioli di carta	**paper napkins**	'peipə 'næpkinz
utensile	**utensil**	iu'tensl
vetro da fuoco	**Pyrex®**	'paireks
viti	**screws**	skruz

CINEMA, TEATRO, CONCERTO

anteprima	**preview**	'priviu
attore / attrice	**actor / actress**	'æktə / 'æktrəs
ballerino / ballerina	**dancer**	'dansə
ballerino (*classico*)	**ballet dancer**	'bælei 'dansə
ballerina (*classica*)	**ballerina**	'bælə'rinə
balletto	**ballet**	'bælei
biglietto	**ticket**	'tikit
botteghino	**box office**	'boks 'ofis
burattini	**puppets**	'papits
cabaret	**cabaret**	'kæbəˌrei
cantante (*uomo / donna*)	**singer**	'singə
cartone animato	**cartoon**	kə'tun
cinema	**cinema / (*Am*) movie theatre**	'sinəmə / 'muvi θiətə

circo	**circus**	'səkəs
commedia	**play**	plei
compagnia	**company**	'kampəni
concerto	**concert**	'konsət
coreografia	**choreography**	ˌkori'ogrəfi
coro	**choir**	'kuaiə
danza	**dance**	dans
classica	**classical**	'klæsikəl
moderna	**modern**	'modən
tradizionale	**traditional**	trə'diʃnəl
dramma	**play**	plei
duo	**duo**	diuou
esibizione	**performance**	pə'fomans
film	**film / picture / movie**	film / 'pikciə / 'muvi
galleria	**circle**	'səkl
intervallo	**interval, break**	'intəvəl / breik
libretto	**libretto**	li'bretou
marionette	**marionettes**	ˌmæriə'netz
maschera (*travestimento*)	**mask / fancy dress / costume**	mask / 'fænsi dres / 'kostium
maschera (*di sala, di cinema, di teatro*)	**usher / usherette**	'aʃə / aʃə'ret
melodramma	**melodrama**	'melədramə
mimo	**mime**	maim
multisala	**multiscreen**	ˌmulti'skrin
musica	**music**	'miuzik
da camera	**chamber**	'ceimbə
lirica	**opera**	'opərə
sacra	**sacred / church music**	'seikrid /cəc 'miuzik
sinfonica	**symphony**	'simfoni
tradizionale	**traditional music**	tra'diʃiənl 'miuzik
opera	**opera**	'opərə
orchestra	**orchestra**	'okisrə
palco	**box**	boks
palcoscenico	**stage**	'steiʤ
platea	**stalls**	'stolz
poltrona	**seat in the stalls**	'sit in ðə stolz
prevendita	**advance booking**	əd'vans 'bukin
prima	**first night / opening night**	'fəst / 'oupənin ˌnait

programma	**programme** **(*Am*) program**	'prougræm
proiezione	**showing**	'ʃouin
quartetto	**quartet**	kuo'tet
quintetto	**quintet**	kuin'tet
rappresentazione	**performance**	pə'foməns
rassegna (*musicale / cinematografica*)	**festival**	'festivl
regia (*cinema*)	**direction**	di'rekʃn
regia (*teatro*)	**production**	prə'dakʃn
regista (*cinema*)	**director**	di'rektə
regista (*teatro*)	**producer**	prə'diusə
replica	**repeat performance**	ri'pit pə'fomәns
sala	**hall / auditorium**	hol / odi'toriəm
scena	**scene / set**	sin / set
scenografia	**set design**	'set di'zain
schermo	**screen**	skrin
serata	**evening**	'ivnin
serata di gala	**gala night**	'galə 'nait
spettacolo	**show**	ʃou
suono	**sound**	saund
teatro	**theatre**	'θiətə
trio	**trio**	'triou
varietà	**variety show**	və'raiəti 'ʃou

Prohibited to children under the age of 14 / 18 prə'hibitəd tu 'cildrən ˌandə ði eiʧ əv 'fotin / ˌei'tin	Vietato ai minori di 14 anni / di 18 anni
The show has been postponed to Wednesday ðə 'ʃou hæs bin poust'pund tu 'uensdei	Lo spettacolo è stato rinviato a mercoledì

Hai l'elenco dei cinema?	**Do you have the movie listings?** du iu hæv ðə 'muvi 'listinz
Vorrei il programma del festival di musica	**I'd like the music festival programme** aid 'laik ðə 'miuzik 'festivəl 'prougræm
C'è un bollettino con tutti gli spettacoli?	**Do you have a programme with all the shows?** du iu hæv ə 'prougræm uið 'ol ðə 'ʃouz
È necessario prenotare il posto?	**Do you have to reserve seats?** du iu 'hæf tə ri'zəv 'sits

Dove posso trovare i biglietti per stasera?	**Where can I get tickets for tonight?** 'ueə kæn ai 'get 'tikets fo tə'nait

At the ticket office æt ðə 'tiket 'ofis	Direttamente al botteghino

È uno spettacolo di beneficenza	**It's a charity show** its ə 'cærəti 'ʃou
Quanto costa un posto in platea?	**How much is a seat in the stalls?** hau 'mac iz ə 'sit in ðə 'stolz
Si vede meglio in galleria?	**Do you see better in the cicle / (*Am*) balcony?** du iu 'si 'betər in ðə 'səkl / 'bælkəni
Si può avere un posto di palco?	**Is it possible to have a box seat?** iz it 'posible tu hæv ə 'boks sit
Vorrei prenotare due biglietti per il concerto di martedì	**I'd like to reserve two tickets for the concert on Tuesday** aid 'laik tə ri'zəv 'tu 'tikets fo ðə 'konsət on 'tiusdi

It's sold out for that date its 'sould 'aut fo ðæt 'deit	Per quella data è tutto esaurito
We have seats left only for the show on the twenty-second ui hæv 'sits left 'ounli fo ðə 'ʃou on ðə ˌtuenti 'sekənd	Sono rimasti posti solo per il giorno 22

Si vede bene da questi posti?	**Can you see well from these seats?** kæn iu 'si uel from 'ðiz 'sits
Vorrei un posto centrale	**I'd like a seat in the middle** aid 'laik ə 'sit in ðə 'midəl
A che ora inizia lo spettacolo?	**At what time does the show start?** ət uot 'taim daz ðə 'ʃou 'stat

The show has just started də 'ʃou həz ˌʤast 'statid	Lo spettacolo è appena iniziato
You can't go into the theatre now iu 'kant 'gou intə ðə 'θiətə 'nau	Non si può più entrare in sala

È in lingua originale?	**Is it in the original language?** iz ˌit in ði or'iʤənel 'languiʤ

Ci sono i sottotitoli?	**Does it have subtitles?** ˌdaz it hæv 'sabtaitəlz
Dov'è il guardaroba?	**Where's the cloakroom?** ˌueəz ðə 'kloukrum
Mi può indicare la toilette?	**Can you tell me where the toilet is?** ken iu 'tel mi ueə ðə 'toilət ˌiz
È possibile cambiare posto?	**Could I change seats?** ˌkud ai 'ceinʤ 'sits
Dove rimborsano i biglietti?	**Where do you get ticket refunds?** 'ueə du iu 'get 'tiket 'rifandz

CIRCOLAZIONE STRADALE

attraversamento	**crossing**	'krosin
autostrada	**motorway / (*Am*) expressway / freeway / highway**	'moutəuei / ik'spresuei / 'friuei / 'haiuei
barriera	**barrier**	'bæriə
carreggiata	**carriageway / (*Am*) roadway**	'kæriʤuei / 'rouduei
casello	**toll (booth)**	'tol buθ
cavalcavia	**flyover / (*Am*) overpass**	'flaiouvə / 'ouvəpas
corsia	**lane**	lein
di emergenza	**hard shoulder**	had 'ʃouldə
di sorpasso	**overtaking lane**	'ouvəˌteikin 'lein
curva	**curve**	'kəv
doppia carreggiata	**dual carriageway**	'diuəl 'kæriʤuei
doppio senso di marcia	**two-way system**	ˌtu'uei 'sistəm
divieto di accesso	**no entry**	'nou 'entri
divieto di circolazione	**no through traffic**	'nou θru 'træfik
incrocio	**crossroads / junction / (*Am*) intersection**	'krosroudz / 'ʤankʃn / ˌintə'sekʃən
isolato	**block**	blok
numero (*civico*)	**address number**	ə'dres nambə
pagamento con tessera / Viacard	**payment by card**	'peimənt bai 'kad
pagamento elettronico / Telepass	**payment by tag**	'peimənt bai tæg

passaggio a livello	**level crossing / (*Am*) grade crossing**	ˌlævl 'krosin / 'greid krosin
passaggio pedonale	**pedestrian crossing / (*Am*) crosswalk**	'pə'destrian 'krosin / 'krosuok
pedaggio	**toll**	'toul
piazza	**square**	skueə
precedenza	**right of way**	'rait əv 'uei
raccordo (*di autostrada*)	**slip road / (*Am*) entrance (*exit*) ramp**	slip 'roud / 'entrəns 'ekzit ræmp
raccordo anulare	**ring road / (*Am*) beltway**	'ring roud / 'beltuei
rotatoria	**roundabout / (*Am*) traffic circle**	'raundəbaut / 'træfik sekl
semaforo	**traffic lights**	'træfik 'laits
soccorso stradale	**road assistance**	'roud ə'sistəns
sosta	**parking**	'pakin
sottopassaggio (*pedonale*)	**subway / (*Am*) underpass**	'sabuei / 'andəˌpas
sottopassaggio (*per auto*)	**underpass**	'andəpas
spartitraffico (*in autostrada*)	**central reservation / (*Am*) median divider**	'sentrəl reza'veiʃn / 'midiən də'vaidə
spartitraffico (*in città*)	**traffic island**	'træfik 'ailənd
stop	**stop sign**	'stop sain
strada	**road**	roud
nazionale	**national**	'næʃənl
provinciale	**provincial**	prə'vinʃl
superstrada	**toll-free motorway / (*Am*) superhighway**	'toul fri 'moutəuei / 'supə'haiuei
svincolo	**motorway intersection / (*Am*) expressway intersection**	'moutəuei intə'sektʃn / ik'spresuei intə'sektʃn
tunnel	**tunnel**	'tanl
uscita	**exit**	'eksit
via	**street**	strit
viadotto	**viaduct**	'vaiədact
viale	**avenue**	ævəniu
zona pedonale	**pedestrian precinct / (*Am*) traffic-free zone**	pi'destriən 'prisinkt / 'træfik 'fri 'zoun

È qui che si paga il pedaggio per il tunnel?	**Do you pay the tunnel toll here?** du iu 'pei ðə 'tanəl 'toul 'hiə
You must get a ticket at the toll booth iu mast get ə 'tiket ət ðə 'toul 'buθ	Deve ritirare il biglietto al casello
Dov'è l'imbocco dell'autostrada?	**Where's the motorway / (*Am*) expressway entrance?** ueəz ðə 'moutəuei / ik'spresuei 'entrəns
Keep straight on, following the signs kip 'streit 'on 'folouin ðə 'sainz	Sempre diritto, seguendo le indicazioni
Qual è la strada per...?	**How do you get to...?** ˌhau du iu 'get tu...
Straight on till the traffic lights, then turn right 'streit 'on til ðə 'træfik 'laits ðən 'tən 'rait	Diritto fino al semaforo, poi a destra

COLAZIONE, SPUNTINO, PANINI

all'americana / all'inglese	**American / English**	ə'merikən / 'ingliʃ
antipasti	**hors d'œuvres**	ˌo 'dəvrə
di mare	**seafood**	'sifud
misto	**mixed**	mikst
biscotti	**biscuits**	'biskitz
brioche	**croissant / brioche**	krua'o sa / bri'oʃ
burro	**butter**	'batə
caffè	**coffee**	'kofi
decaffeinato	**decaffeinated**	di'kæfineitid
espresso	**espresso**	es'preso
caffellatte	**coffee with milk**	'kofi uið milk
caldo	**hot**	hot
cappuccino	**cappuccino**	ˌkæpu'cinou
cereali	**cereals**	'siriəlz
cioccolata (calda)	**hot chocolate**	hot 'cokələt

continentale	**continental**	ˌkontiˈnentəl
cracker	**crackers**	ˈkrækəz
crostini	**toasted snacks**	ˈtoustid snæks
farcito	**filled**	ˈfild
focaccia	**focaccia**	foˈkæcə
formaggio	**cheese**	ciz
freddo	**cold**	kould
frittata	**omelette**	ˈomlit
al formaggio	**with cheese**	uið ˈveʤtəbəlz
alle verdure	**with vegetables**	uið ˈciz
al prosciutto	**with ham**	uið ˈhæm
dolce	**sweet**	suit
salata	**savoury / (*Am*) savory**	ˈseivəri
grissini	**breadsticks**	ˈbredstiks
insalata	**salad**	ˈsæləd
al naturale	**plain**	plein
con olio e aceto	**dressed with oil and vinegar**	ˈdrest uið oil ənd ˈvinigə
con panna	**with cream**	uið ˈkrim
con senape	**with mustard**	uið ˈmastəd
di pomodori	**tomato**	təˈmatou
di riso	**rice**	rais
mista	**mixed**	ˈmikst
nizzarda	**Nice-style**	ˈnis stail
russa	**Russian**	ˈraʃən
verde	**green**	ˈgrin
latte	**milk**	ˈmilk
maionese	**mayonnaise**	meiəˈneiz
marmellata	**jam**	ˈʤæm
marmellata d'arance	**marmalade**	ˈmaməleid
miele	**honey**	ˈhani
pancetta affumicata	**smoked bacon**	ˌsmoukt ˈbeikən
pane	**bread**	bred
bianco	**white**	uait
integrale	**whole meal / whole wheat**	ˈhoul mil / ˈ houl uit
fetta	**slice**	slais

pane	**bread**	bred
tostato	**toasted**	'toustid
panino (*piccola forma di pane*)	**bread roll**	'bred roul
panino imbottito	**filled sandwich / roll**	'fild sænuic / roul
panna	**cream**	krim
patatine	**crisps**	krispz
patatine fritte	**chips**	cipz
paté	**pâté**	pæt'ei
pepe	**pepper**	'pepə
prosciutto	**ham**	hæm
affumicato	**smoked**	smoukt
crudo	**dry-cured**	drai 'kiurd
di Parma	**Parma ham**	'pama 'hæm
di Praga	**Prague-style**	'prag stail
salame	**salami**	sə'læmi
sale	**salt**	solt
salsiccia	**sausage**	'sosiʤ
salumi	**cold cuts**	'kould kats
spremuta	**fresh (squeezed) juice**	freʃ 'skuizd ʤus
di arancia	**(fresh) orange juice**	freʃ 'orinʤ ʤus
di limone	**lemon**	'lemon
di pompelmo	**grapefruit**	'greipfrut
succo di frutta	**fruit juice**	'frut ʤus
succo di pomodoro	**tomato juice**	tə'matou ʤus
tartina	**canapé**	kænə'pei
tè	**tea**	ti
toast al prosciutto e formaggio	**toasted ham and cheese sandwich**	'toustid 'hæm ənd ciz 'sænuic
tortino	**pie**	pai
tramezzino	**sandwich**	'sænuic
uova	**eggs**	egz
alla coque	**soft-boiled**	'soft boild
al tegamino	**fried**	fraid
con pancetta	**bacon and eggs**	'beikən ənd egz
fritte	**fried**	fraid
in camicia	**poached**	'pouct
sode	**hard-boiled**	'had boild
strapazzate	**scrambled**	'skræmbəld

yogurt	**yogurt**	'iogərt
zucchero	**sugar**	'ʃugə
di canna	**cane sugar**	'kein 'ʃugə
grezzo	**brown**	'braun

Vorrei fare colazione	**I'd like to have breakfast** aid 'laik tə hæv 'brekfəst
Vorrei ancora un po' di…	**I'd like a bit more…** aid 'laik ə bit 'mor …
Per favore, le uova ben cotte	**I'd like the eggs well done, please** aid 'laik ði 'egz ˌuel 'dan 'pliz
Vorrei un hot-dog / hamburger	**I'd like a hot dog / hamburger** aid 'laik ə 'hot dog / 'hæmbəgə
Vorrei un panino con…	**I'd like a sandwich with…** aid 'laik ə 'sænuic uið
Vorrei una fetta / una porzione / un pezzo di…	**I'd like a slice / a portion / (*Am*) an order / a piece of…** aid 'laik ə 'slais / ə poʃn ə / ən 'odə / ə 'pis əv
Servite piatti caldi?	**Do you serve hot food?** du iu 'səv 'hot 'fud
Mi può dare un tovagliolino?	**Can you give me a napkin, please?** kæn iu 'giv mi ə næpkin 'pliz
Vorrei le posate	**Can you bring me the cutlery, please?** kæn iu 'brin mi ðə 'katləri 'pliz

COMPUTER, POSTA ELETTRONICA

account	**account**	ə'kount
allegato	**attachment**	ə'tæcmənt
antivirus	**antivirus**	'ænti'vairəs
archivio	**archive / file**	'akaiv / 'fail
baco / bug	**bug**	bag
barra degli strumenti	**toolbar**	'tulba

browser	**browser**	'brausə
cartella	**file**	'fail
cavo	**cable**	'keibl
Cd Rom	**CD-ROM**	'si di 'rom
cestino	**wastebasket / trash**	'ueist'baskit / træʃ
cestino (*Windows*)	**(can) recycle bin**	kæn ri'saikl bin
chiocciola	**at**	ət
clic	**click**	klik
compatibile	**compatible**	kəm'pætəbl
computer	**computer**	kəm'piutə
computerizzato	**computerised / computerized**	kəm'piutəaizd
connessione	**connection**	kə'nekʃən
cursore	**cursor**	'kesə
display	**display**	di'splei
dischetto / floppy	**floppy (disc) / diskette**	'flopi disk / dis'ket
disco fisso / rigido	**hard disk**	had disk
documento	**document**	'dokiumənt
dominio	**domain**	də'mein
elettronica	**electronics**	ilek'trəniks
elettronico	**electronic**	ilek'trənik
file	**file**	'fail
finestra	**window**	'uindou
formattazione	**format**	'fomæt
funzione	**function**	'fankʃn
hardware	**hardware**	'hadweə
icona	**icon**	'aikon
indirizzo	**address**	ə'dres
informatica (*disciplina*)	**computer science information**	kəmp'piutə 'saiəns 'infə'meiʃn
informatica (*tecnologia*)	**technology / IT**	tek'noləʤi / 'ai 'ti
informatico	**computer scientist**	kəm'piutə 'saiəntist
installazione	**installation**	'instə'leiʃn
invio (*sul tastierino numerico*)	**enter**	'entə
invio	**return**	ri'tən
lettore ottico / scanner	**scanner**	'skænə

link	**link**	link
masterizzatore	**CD-writer**	'si 'di raitə
memoria	**memory**	'mæməri
messaggio	**message**	'mesiʤ
modem	**modem**	'moudem
monitor	**monitor**	'monitə
motore di ricerca	**search engine**	səc 'en'ʤin
mouse	**mouse**	'maus
navigazione	**surfing**	'səfin
pagina web	**web page**	ueb 'peiʤ
palmare (*computer*)	**hand held device**	hænd held di'vais
password	**password**	'pasued
periferica	**peripheral device**	pe'rifərəl di'vais
personal computer	**personal computer / PC**	'pəsnl kom'piutə pi si
portale	**portal**	'poutl
portatile (*computer*)	**laptop**	'læptop
processore	**processor**	'prousesə
programma	**programm / program**	'prougræm
programmatore	**programmer**	'prougræmə
rete (*locale*)	**network**	'netuok
rete (*Internet*)	**internet / web / net**	'intə'net /ueb / net
scansione	**scan**	skæn
schermo	**screen**	skrin
selezione	**selection**	si'lekʃn
server	**server**	'səvə
sistema operativo	**operating system**	'opəreitin 'sistəm
sito	**site**	'sait
software	**software**	'softweə
stampante	**printer**	'printə
stampata	**print-out**	print 'aut
tabulato	**print-out**	print 'aut
tastiera	**keyboard**	'kibod
tasto	**key**	ki
transcodifica	**transcoding**	'træns'koudin
videata	**screen**	skrin
video	**video**	'vidiəu
virtuale	**virtual**	'vəcuəl

virus	**virus**	'vairəs
visualizzazione	**display**	dis'plei
zippato	**zipped**	zipd

Open oupən	Apri
Close kləus	Chiudi
Save seiv	Salva
Save as... seiv æz	Salva con nome
Print preview print 'priviu	Anteprima di stampa
Print print	Stampa
Delete di'lit	Cancella
Cancel kænsl	Annulla
OK 'ou 'kei	OK
Enter user name 'entə 'iusə neim	Immettere nome utente
Enter password 'entə 'pasued	Immettere password
Click to start klik tu stat	Fare clic per iniziare
Access denied æk'ses di'naid	Accesso negato
File already in use 'fail ol'redi in iuz	Il file è utilizzato da un altro utente
Cannot display page 'kanot dis'plei peiʤ	Impossibile visualizzare la pagina
Select option from tools menu si'lekt 'opʃn frəm tulz 'meniu	Scegliere opzioni dal menu strumenti
Help help	Guida in linea
Revert to existing copy? ri'vet tu ig'zistin 'kopi	Sostituire la copia esistente?
Close application kləus 'æpli'keiʃn	Termina applicazione
Search sec	Cerca
Find faind	Trova
Shutdown Windows 'ʃutdaun 'uindous	Chiudi sessione (*Windows*)
Shut down ʃat daun	Arresta il sistema

Restart ri'stat	Riavvia il sistema
Connect kə'nekt	Connetti
Disconnect dis'kənekt	Disconnetti
Send send	Invia
Receive ri'siv	Ricevi
Forward fouəd	Inoltra
Reply ri'plai	Rispondi

CONTRAVVENZIONE, MULTA

I stopped you because you... ai 'stopt iu bə'koz iu...	Lei è in contravvenzione perché ...
You'll have to pay a fine of... iul hæf tə 'pei ə 'fain ov...	Deve pagare una multa di...
Are you settling it now? a iu 'setlin it 'nau	Concilia? Paga subito?

La mia auto è stata rimossa	**My car has been towed away** mai 'ka hæz bin 'toud ə'uei
Dove posso recuperarla?	**Where do I pick it up?** 'ueə du ai 'pik it 'ap

Your car's in a no parking zone / on double yellow lines io 'kaz in ə 'nou 'pakin 'zoun / on 'dabl ielou 'lainz	La sua macchina è in sosta vietata
This parking area is reserved ðis 'pakin 'eəriə iz rə'zəvd	Questo parcheggio è riservato
The meter has run out ðə 'mitə həz ran 'aut	Il parchimetro è scaduto

You're blocking the way ior 'blokin ðə 'uei	Ostruisce il passaggio
Seat belts are compulsory 'sit belts a kəm'palsəri	Le cinture di sicurezza sono obbligatorie
You went through a red light iu uent 'θru ə 'red 'lait	È passato con il semaforo rosso
You were speeding iu ueə 'spidin	Ha superato il limite di velocità
As the speed camera show əs ðə 'spid 'kæmərə ʃəu	Risulta dal controllo velocità elettronico
You failed to stop iu 'feild tə 'stop	Non ha rispettato lo stop
You crossed the solid line iu 'krost ðə 'solid 'lain	Ha superato la linea continua
You were going the wrong way iu ueə 'gouin ðə ron 'uei	Stava viaggiando contromano
You were driving under the influence of alcohol iu ue 'draivin andə ði 'influəns av 'ælkəhol	Guidava in stato di ubriachezza
This is a traffic-free zone 'ðis iz ə 'træfik 'fri 'zoun	Questa è una zona pedonale
This is a one-way street 'ðis iz ə uan 'uei 'strit	Questa strada è a senso unico

CUCINA

affumicato	**smoked**	smoukt
arrosto	**roasted**	'roustid
(a) bagnomaria	**bain-marie**	ˌbæn mə'ri
ben cotto	**well done**	'uel 'dan
bollente (*di acqua*)	**boiling**	'boilin

bollito	**boiled**	boilt
(alla) brace	**char-grilled**	'ca 'grild
brasato	**braised**	breizd
caldo	**hot**	hot
(in) casseruola	**casseroled**	'kæsərould
condito	**dressed**	drest
crudo	**raw**	ro
farcito, ripieno	**stuffed**	staft
(al) forno	**baked / oven-baked**	beikt 'ovən beikt
freddo	**cold**	kould
fresco	**fresh**	freʃ
fritto	**fried**	fraid
(cotto) giusto	**done**	dan
(alla) griglia	**grilled**	grild
lesso	**boiled**	boild
marinato	**marinated**	'mærin,eitid
misto	**mixed**	mikst
(al) naturale	**plain**	plein
(in) padella	**pan-fried**	'pæn fraid
pasticcio	**pie**	pai
poco cotto	**underdone**	andə'dan
purè	**purée**	'piuərei
salmistrato	**cured / (*Am*) corned**	kiuəd / kond
(al) sangue	**rare**	'reə
sottaceto	**pickled**	'pikəld
sottolio	**in oil**	in 'oil
(allo) spiedo	**on the spit**	on ðə 'spit
stufato	**stew**	stiu
surgelato	**frozen**	'frouzən
(al) tegame	**fried**	fraid
(in) teglia	**baked**	beikt
(in) umido	**stewed**	stiud
(al) vapore	**steamed**	stimd

DENTISTA

ascesso	**abscess**	'æbses
canino	**canine**	kei'nain
carie	**cavity**	'kæviti
dente	**tooth**	'tuθ
dente del giudizio	**wisdom tooth**	'uizdəm 'tuθ
dentiera	**dentures**	'dencəz
dentista	**dentist**	'dentist
devitalizzare	**to kill**	tu kil
estrazione	**extraction**	eks'trækʃən
gengive	**gums**	gamz
igienista	**hygienist**	hai'ʤinist
incisivo	**incisor**	in'saizə
molare	**molar**	'moulə
nervo	**nerve**	nəv
otturazione	**filling**	'filin
piorrea	**pyorrhea**	paiə'riə
placca batterica	**plaque**	plak / (*Am*) plæk
premolare	**premolar**	'primoulə
protesi	**dentures**	'dencəz
radice	**root**	rut
tartaro	**tartar**	'tatə

Mi può consigliare un dentista?	**Can you recommend a dentist?** kæn iu ˌrəkəm'end ə 'dentist
È urgente	**It's urgent** its 'eʤənt
Mi fa male questo dente	**This tooth hurts** ðis 'tuθ 'həts
Si è rotta un'otturazione	**I broke a filling** ai 'brouk ə 'filin
Si è rotto un dente	**I broke a tooth** ai 'brouk ə 'tuθ
Si muove la dentiera	**The dentures are loose** ðə 'dencəz a lus
Mi può dare qualcosa contro il dolore?	**Can you give me something for the pain?** kæn iu 'giv mi 'samθin fo ðə 'pein

Può fare un lavoro provvisorio?	**Can you do a temporary job?** kæn iu du ə 'tempərəri ʤob
Mi può fare un preventivo di spesa?	**Can you give me an estimate of the cost?** kæn iu 'giv mi ən 'estimət əv ðə 'kost

Keep your mouth wide open 'kip io 'mauθ 'uaid 'oupən	Tenga la bocca ben aperta
Rinse your mouth rins io 'mauθ	Si sciacqui
You have a cavity iu hæv ə 'kæviti	Il dente è cariato
There is an abscess here ðeə iz ən 'æbses hiə	Qui c'è un ascesso
You must take an antibiotic iu mast teik ən æntibaiotik	Deve prendere un antibiotico
This tooth needs a filling ðis 'tuθ 'nidz ə 'filin	Questo dente va otturato
The tooth needs to be killed ðə tuθ 'nidz tə bi kild	Il dente va devitalizzato
I'll have to pull out the tooth ail hæf tə 'pul aut ðə 'tuθ	Devo estrarre il dente
I'll have to use the drill ail hæf tə iuz ðə 'dril	Devo usare il trapano
I'll give you a local anesthetic ail 'giv iu ə 'loukəl ˌænəs'θetik	Le faccio un'anestesia locale

DISABILI

accesso	**access**	'ækses
cieco	**blind**	'blaind
debole di udito	**hard of hearing**	'həd əv 'hirin
disabile	**disabled (person)**	dis'eibəld pəsn

handicap	**disability / handicap**	ˌdisəˈbiləti / hændikæp
fisico	**physical disability**	ˈfisikl ˌdisəbiləti
mentale	**mental disabilty**	ˈmentl ˌdisəbiləti
uditivo	**hearing disability**	ˈhiərin ˌdisəbiləti
visivo	**visual disability**	ˈvizuəl ˌdisəbiləti
non udente	**hearing impaired**	ˈhiərin imˈpeəd
non vedente	**visually impaired**	ˈvizuəli imˈpeərd
paraplegico	**paraplegic**	pærəˈpliʤik
sedia a rotelle	**wheelchair**	ˈuilceə
sordo	**deaf**	def
sordomuto	**deaf and dumb / deaf mute**	def ənd dam / def ˈmiut
stampelle	**crutches**	kracəs

Ci sono rampe di accesso?	**Are there access ramps?** a ðeər ˈækses ˈræmps
Purtroppo ci sono barriere architettoniche	**Unfortunately there is no access for the disabled** anˈfocənətli ðeər iz nou ˈækses fo ðə disˈeibəld
Ci sono bagni per disabili?	**Are there toilets / (*Am*) washrooms for the disabled?** a ðeər toilətz / ˈuoʃrumz fo ðə disˈeibəld
Ci sono ascensori nell'edificio?	**Are there lifts in the building?** a ðeə liftz in ðə ˈbildin
C'è un montascale?	**Is there a stairlift?** aiz deə ə ˈsteiəlift
Sono previste riduzioni per disabili?	**Are there reduced fares for disabled people?** a ðeə riˈdiust ˈfeəz fo disˈeibəld pipl
Questo è un parcheggio riservato ai disabili	**This parking space is for the disabled** ðis a ˈpakin ˈspeis iz fo ðə disˈeibəld

DISTRIBUTORE, GOMMISTA

autolavaggio	**car wash**	'ka uoʃ
batteria	**battery**	'bætəri
benzina	**petrol /(*Am*) gas**	'petrəl / gæs
senza piombo / verde	**lead-free / (*Am*) unleaded**	'led fri / an'ledid
super	**super**	'supə
benzinaio	**petrol station / (*Am*) gas station attendant**	'petrəl 'steiʃən / gæs 'steiʃən ə'tendənt
distributore	**petrol station / (*Am*) gas station**	'petrəl 'steiʃən / gæs 'steiʃən
filtro	**filter**	'filtə
fusibile	**fuse**	fiuz
gasolio	**diesel fuel**	'dizəl 'fiuəl
miscela	**two stroke mixture**	tu strouk 'mikscə
olio dei freni	**brake fluid**	'breik fluid
olio del motore	**motor oil**	'moutər oil

Mi faccia il pieno	**Fill it up, please** 'fil it 'ap pliz
Sono rimasto senza benzina	**I ran out of petrol / gas** ai 'ræn aut əv 'petrəl / gæs
Metta 30 litri di…	**Thirty liters of…** 'θəti 'litəz əv
Mi controlli l'acqua	**Can you check the water** kæn iu 'cek ðə uotə
la batteria	**the battery** ðə 'bætəri
la pressione dei pneumatici	**the tyre pressure** ðə 'taiə 'preʃə
l'olio dei freni	**the brake fluid / the oil?** ðə 'breik 'fluid / ði oil
l'olio del motore	**the engine oil** ði 'enʤin oil

It needs oil. Should I add some? it 'nidz 'oil ʃud ai 'æd sam	Manca olio. Debbo aggiungerlo?

You need to change the oil iu 'ni̲d tə 'ceinʤ ði 'oil	Bisogna cambiare l'olio
You have to change the air / oil filter / the sparkplugs iu hæf tə 'ceinʤ ði 'eər / 'oil 'filtə / ðə 'spa̲kplagz	Bisogna sostituire il filtro dell'aria / dell'olio / le candele

Ho una gomma a terra	**I have a flat tyre** ai hæv ə 'flæt 'taiə

You have to change the air tube iu hæf tə 'ceinʤ ði 'eər 'tiu̲b	Bisogna cambiare la camera d'aria

Dove trovo un gommista?	**Where can I find someone who sells tyres?** ueə kæn ai 'faind 'samuan hu 'selz 'taiəz

DOGANA, DOCUMENTI

ambasciata	**embassy**	'embəsi
ambasciatore	**ambassador**	æm'bæsədə
bagaglio	**luggage**	'lagiʤ
borsa	**bag / case**	bæg / keis
carta d'identità	**identification card**	aiˌdentifi'keiʃən 'ka̲d
certificato	**certificate**	sə'tifikət
cognome	**surname / family name**	'sə̲neim / 'fæməli neim
confine (*di stato*)	**border**	'bo̲də
consolato	**consulate**	'konsiulət
console	**consul**	'konsəl
data	**date**	deit
denaro	**money**	'mani
documento	**document / papers**	'dokiument /ˠpeipəz
dogana	**customs**	'kastəmz
domicilio (*nel paese*)	**domicile**	do̲mi'sail
firma	**signature**	'signəcə

frontiera	**border / frontier**	'bodə / 'fran,tiə
indirizzo	**address**	əˈdres
modulo	**form**	fom
nascita	**birth**	beθ
nazionalità	**nationality**	ˌnæʃəˈnæliti
nome	**name / first name**	neim / fest neim
passaporto	**passport**	'paspot
permesso di soggiorno	**residence permit**	'rezidəns 'pemit
perquisizione	**search**	'sec
timbro	**stamp**	stæmp
ufficio	**office**	'ofis
valigia	**suitcase / bag**	'sutkeis / bæg
visto	**visa**	vizə

Anything to declare? 'eniθin tə di'kleə — Ha qualcosa da dichiarare?

No, niente da dichiarare — **No, nothing to declare** 'nou 'naθin tə di'kleə

Can you open this suitcase? kæn iu 'oupən ðis 'sutkeis — Può aprire questa valigia?

È per uso personale — **It's for my personal use** its fo mai 'pəsənəl 'ius

Do you only have cigarettes? du iu 'ənli hæv sigə'retz — Ha solo delle sigarette?

Can I see some identification? kæn ai 'si sam ai,dentifi'keiʃən — Ha un documento?

You must have your passport stamped iu 'mast ˌhæf io 'paspot 'stæmt — Deve far vidimare il passaporto

Non ho fatto il visto — **I don't have a visa** ai 'dount hæv ə 'vizə

Che documenti mi servono? — **Which documents do I need?** uic 'dokiumənts du ai 'nid

No formalities are needed nou fo'mælitiz a 'nidid — Non è necessaria alcuna formalità

Your documents are incomplete io 'dokiumənts ar ˌinkəm'plit	La documentazione è incompleta
Fill out / fill in this form 'fil aut / 'fil in ðis 'fom	Compili questo modulo
Sign here 'sain 'hiə	Deve firmare qui
Do you have a passport size photo? du iu 'hæv ə 'paspot saiz 'foutou	Ha una foto tessera?
What's your date of birth? 'uots io 'deit əv bəθ	Qual è la sua data di nascita?
Where are you going to stay in the country? 'ueə a iu 'goin tu 'stei in ðə 'kantri	Dove abiterà nel paese?
Write your full address 'rait io ful ə'dres	Scriva il suo indirizzo completo
What's the purpose of your trip? 'uots ðə 'pəpəs əv io 'trip	Qual è il motivo del suo viaggio?
How long will you be staying in the country? hau 'lon uil iu bi 'stein in ðə 'kantri	Quanto tempo si trattiene nel paese?

EDIFICI D'ARTE, ARCHITETTURA

abbazia	**abbey**	'æbei
abside	**apse**	æps
altare	**altar**	'oltə
arcata (*serie di archi*)	**arcade**	a'keid
arco	**arch**	ac
area archeologica	**archeological area**	ˌakio'loʤikəl eəriə
atrio	**entrance hall**	en'trans hol
atrio (*casa romana*)	**atrium**	ə'triəm
barocco	**baroque**	ba'rok
basilica	**basilica**	bə'zilikə
battistero	**baptist(e)ry**	'bæptistri

campanile	**bell tower**	'bel tauə
capitello	**capital**	'kæpitl
cappella	**chapel**	'cæpl
castello	**castle**	'kasl
catacombe	**catacombs**	'kætəkoumz
cattedrale	**cathedral**	kə'θidrəl
chiesa	**church**	cəc
chiostro	**cloister**	'kloistə
cimitero	**cemetery**	'semətri
coloniale	**colonial**	'kəlouniəl
colonna	**column**	'koləm
convento	**convent**	'konvent
coro	**choir**	'kuaiə
cortile	**court**	'kort
cripta	**crypt**	kript
cupola	**dome**	'doum
cupola (*piccola*)	**cupola**	'kiupələ
duomo	**cathedral**	kə'θidrəl
duomo (*in Italia*)	**duomo**	du'oumou
facciata	**façade**	fə'sad
finestra	**window**	'uindou
fontana	**fountain**	'fauntin
fonte battesimale	**font**	font
fortezza	**fortress**	'fotrəs
fregio (*architettura*)	**frieze**	'friz
frontone	**pediment**	'pedimənt
gotico	**Gothic**	'goθik
guglia	**spire**	'spaiə
iconostasi	**iconostasis**	aikonə'steisis
mausoleo	**mausoleum**	ˌmoze'liəm
medievale	**medieval**	medi'ivl
metopa	**metope**	meʏtoup
monastero	**monastery**	'monəstri
monumento	**monument / sight**	'moniumənt / sait
moschea	**mosque**	mosk
navata	**nave / aisle**	neiv / ail
organo	**organ**	'ogən
pagoda	**pagoda**	pa'goudə

pala	**altar piece**	'oltə pis
palazzo	**palace / building**	'pæləs / 'bildin
pilastro	**pilaster / pier / pillar**	pi'læstə / piə / 'pilə
ponte	**bridge**	briʤ
porta	**door**	do
portale	**portal**	'potəl
precolombiano	**pre-Columbian**	priko'lambiən
pronao	**pronaos**	'pronaos
pulpito	**pulpit**	'pulpit
rinascimentale	**Renaissance**	ri'neisns
romanico	**Romanesque**	ˌroumən'esk
rosone (*decorazione*)	**rosette**	rou'zet
rosone (*finestra*)	**rose window**	ˌrouz 'uindou
rovine	**ruins**	'ruinz
rupestre	**rock**	rok
sacrestia	**sacristy**	'sækristi
sala	**hall**	hol
salone	**hall**	hol
scalinata	**(flight of) steps**	'flait əv steps
scalone	**(flight of) stairs**	'flait əv stæz
scavi	**excavations / digs**	ˌekskə'veiʃnz / digz
sinagoga	**synagogue**	'sinəgog
tempio	**temple**	'tempəl
terme	**(thermal) baths / spa**	'θəməl baθs / spa
terrazza	**balcony**	'bælkəni
timpano	**tympanum / gable**	'timpənəm / 'geibl
tomba	**tomb**	toum
torre	**tower**	'tauə
transetto	**transept**	'trænsept
vetrata	**stained glass**	'steind glas
volta	**vault**	volt

Si può visitare la sinagoga? — **Is it possible to visit the synagogue?** iz it 'posible tu vizit ðə ˌsinə'gog

Si può entrare nella moschea? — **Can you go into the mosque?** kæn iu ˌgou 'intu ðə 'mosk

Si può visitare la cripta? — **Can you visit the crypt?** kæn iu 'vizit ðə 'kript

Qual è l'orario di visita?	**What are the opening times?** 'uot'a ðə əopnin taims

The façade is of a later period ðə fə'sad iz əv ə 'leitə 'piəriəd	La facciata è di epoca posteriore
The façade is of a later period ðə fə'sad iz əv ə 'leitə 'piəriəd	La facciata è di epoca posteriore
The walls were demolished in the 19th century ðə 'uolz ue di'moliʃd in ðə ˌnain'tinθ 'sencəri	Le mura furono abbattute nell'Ottocento
This is the city's earliest monument ðiz iz ðə 'sitiz 'eliest 'moniumənt	Questo è il più antico monumento della città

ELETTRICITÀ, ELETTRODOMESTICI

asciugacapelli	**(hair)dryer**	'heədraiə
asciugatrice (*per bucato*)	**tumble dryer**	'tambl draiə
aspirapolvere	**vacuum cleaner/ hoover**	'vækium klinə / 'huvə
batteria	**battery**	'bætəri
bollitore elettrico	**electric kettle**	i'lektrik ketl
calcolatrice	**calculator**	ˌkælkiu'leitə
elettricità	**electricity**	i'le''ktrisəti
elettrodomestici	**electric appliances**	i'lektrik ə'plaiənsiz
ferro da stiro	**iron**	'aiən
forno a microonde	**microwave oven**	'maikroueiv 'avn
forno elettrico	**electric oven**	i'lektrik avn
freezer	**freezer**	frizə
frigorifero	**fridge / refrigerator**	friʤ / ri'friʤəreitə
frullatore	**mixer / liquidizer**	miksə / li'kuidaisə
lampada	**lamp**	læmp
lampadario	**light**	'lait
lampadina	**light bulb**	'lait balb
lavastoviglie	**dish washer**	'diʃ uoʃə

lavatrice	**washing machine**	'uoʃin ma'ʃin
presa	**socket**	'sokit
presa multipla	**adaptor**	ə'dæptə
prolunga	**extension lead / (*Am*) extension cord**	ik'stenʃn lid / ək'stenʃən 'kod
radiosveglia	**radio alarm clock**	'reidiou ə'lam klok
rasoio elettrico	**shaver / electric razor**	'ʃeivə / i'lektrik 'reizə
robot da cucina	**food processor**	fud prou'sesə
spina	**plug**	plag
torcia elettrica / pila	**torch**	toc
tostapane	**toaster**	'toustə
trasformatore	**transformer**	træns'formə

ESCURSIONE: CITTÀ

acquario	**aquarium**	ə'kueəriəm
antichità	**antiques**	æn'tiks
antiquariato	**antiques shop**	æn'tiks ʃop
area archeologica	**archeological site / area**	ˌakio'loʤikəl sait / eəriə
biblioteca	**library**	'laibrəri
borsa (*edificio*)	**stock exchange**	'stok iks'ceinʤ
castello	**castle**	'kasl
catacombe	**catacombs**	'kætəkoumz
cattedrale	**cathedral**	kə'θidrəl
centro commerciale	**shopping centre / (*Am*) center**	'ʃopin 'sentə
centro storico	**(historic) town centre / (*Am*) center**	(his'torik) 'taun sentə
chiesa	**church**	cəc
cimitero	**cemetery**	'semətri
città vecchia	**old town**	'ould taun
duomo	**cathedral**	kə'θidrəl

epoca	**period / (Am) epoch**	'piəriəd / 'ipok
escursione	**excursion / outing**	ek'skəʃən / 'autin
fiera	**fair**	feə
fiera (*mostra mercato*)	**trade show**	'treid ʃou
fontana	**fountain**	'fauntin
fortezza	**fortress**	'fotrəs
galleria d'arte	**art gallery**	'at gæləri
gita	**trip / outing**	trip / 'autin
giostre	**rides**	'raidz
itinerario	**itinerary**	i'tinərəri
luna park	**amusement park**	ə'miuzmənt 'pak
lungofiume	**riverside**	'rivəsaid
lungolago	**lakeside**	'leiksaid
lungomare	**seaside**	'sisaid
mausoleo	**mausoleum**	ˌmoze'liəm
mercato	**market**	'makit
mercatino (*delle pulci*)	**flea market**	'fli makit
monumento	**monument / sight**	'moniumənt / sait
mostra	**show / exhibition**	ʃou / ˌeksi'biʃən
municipio	**town hall**	'taun hol
mura	**walls**	uolz
museo	**museum**	miu'ziəm
palazzo	**palace / building**	'pæləs / 'bildin
palazzo dello sport	**indoor sports arena**	' ində spotsə'rinə
parco	**park**	pak
parco a tema	**theme park**	θim pak
parlamento	**parliament**	'paləmənt
passeggiata	**walk**	'uok
pinacoteca	**art gallery**	'at gæləri
planetario	**planetarium**	ˌplænə'teəriəm
porta	**gate**	geit
porto	**harbour / port**	'habə / pot
quartiere	**district / area**	'distrikt / 'eəriə
rovine	**ruins**	'ruinz
salone	**hall**	hol
scavi	**excavations / digs**	ˌekskə'veiʃən / digz
stadio	**stadium**	'steidiəm
teatro	**theatre**	'θiətə

tempio	**temple**	'tempəl
terme	**thermal baths / spa**	'θəməl baθs / spa
tomba	**tomb**	toum
torre	**tower**	'tauə
tribunale	**court house**	'kot haus
università	**university**	ˌiuni'vəsiti
visita	**tour, visit**	tuə / 'vizit

Dov'è l'ufficio turistico?	**Where's the tourist office?** ueəz ðə 'torist 'ofis
Che cosa c'è di interessante da visitare?	**What interesting sights are there to see?** uot 'intrəstin 'saits ˌa ðeə tə 'si
Ha dei pieghevoli illustrativi?	**Do you have any leaflets?** du iu ˌhæv 'eni ' liflətz
Qual è l'orario d'apertura?	**What time does it open?** uot 'taim daz it 'oupən
È aperto anche la domenica?	**Is it open on Sunday too?** iz it 'oupən on 'san↓ dei 'tu

No, it's closed on bank holidays 'nou its 'klouzd on 'bænk 'holideiz	No, è chiuso nei giorni festivi

C'è una visita guidata a...?	**Is there a guided tour of the...?** iz ðeər ə 'gaidəd tuər əv ðə
Vorrei una guida (*libro*) in italiano	**I'd like a guide in Italian** aid 'laik ə'gaid in i'tæliən
Che cos'è questo monumento?	**What is this monument?** 'uot iz ðis 'moniumənt
A che epoca risale?	**How old is it?** hau 'ould iz it
Dov'è la casa (*natale*) di...?	**Where's... house?** 'ueəz 'haus
Ci sono riduzioni per giovani?	**Do you have young people's fares?** du iu hæv 'ian 'pipls 'feəz
È una strada panoramica?	**Is it a scenic route?** iz it ə 'sinik 'rut

Ci sono visite guidate nel parco?	**Are there guided tours of the park?** a ðeə 'gaidəd tuəz ov ðə 'pak
Ci si può arrivare a piedi?	**Can you walk there?** ken iu 'uok ðeə
Avete una cartina degli itinerari?	**Do you have a tour map?** du iu ˌhæv ə 'tuə mæp
Si può fare un'escursione al castello?	**Can you visit the castle?** ken iu 'vizit ðə 'kasl
Quanto costa a persona?	**How much is it per person?** hau 'mac iz it pə 'pəsan
Che cosa è compreso nel prezzo?	**What's included in the price?** uots in'kludid in ðə 'prais

It includes the guide and admission ticket it in'kludz ðə gaid ənd əd'miʃn 'tiket	Sono compresi guida e biglietto d'ingresso
Lunch isn't included in the price 'lanc ˌizənt in'kludəd in ðə 'prais	Il pranzo non è incluso nel prezzo

Quanto tempo ci vuole?	**How long does it take?** hau 'lon daz it 'teik
A che ora si torna?	**What time do we get back?** uot 'taim du ui ˌget 'bæk
Qual è il programma della visita?	**What's the tour itinerary?** uots ðə tuər i't↓nerəri
Ci sono guide che parlano italiano?	**Do you have Italian speaking guides?** du iu hæv i'tæliən ˌspikin 'gaidz
Dove ci si ferma per pranzo?	**Where do you stop for lunch?** ueə du iu 'stop fo lanc
Vorrei cancellare la prenotazione	**I'd like to cancel my reservation** aid 'laik tə 'kænsəl mai ˌrəzə'veiʃən

ESCURSIONE: NATURA

albero	**tree**	'tri
anfibio	**amphibian**	æmfi'biən
animale	**animal**	'æniml
arbusto	**shrub**	ʃrab
bosco	**wood**	'uud
brughiera	**heath / moor**	hiθ / mor
campo	**field**	fild
canale	**canal**	kə'næl
cascata	**waterfall**	'uotəfol
cespuglio	**bush**	buʃ
cima (*sommità*)	**top**	top
colazione al sacco	**picnic lunch**	'piknik 'lanc
collina	**hill**	hil
cratere	**crater**	'kreitə
crostaceo	**crustacean**	kra'steiʃn
delta	**delta**	'deltə
deserto	**desert**	'dezət
duna	**dune**	diun
erba	**grass**	gras
estuario	**estuary**	ˌescuəri
fauna	**fauna / wildlife**	'fonə / 'uaildlaif
felce	**fern**	fən
fiore	**flower**	'flauə
fiume	**river**	'rivə
flora	**flora / plant life**	'florə / 'plant laif
foce	**mouth**	mauθ
foglia	**leaf**	'lif
foresta	**forest**	'forist
fossato	**ditch**	dic
fungo	**mushroom**	'maʃrum
giungla	**jungle**	'ʤangl
grotta	**cave**	keiv
insetto	**insect**	'insekt
lago	**lake**	leik

laguna	**lagoon**	lə'gun
mammifero	**mammal**	'mæməl
montagna	**mountain**	'mauntin
natura	**nature**	'neicə
nido	**nest**	nest
palude	**marsh / swamp**	maʃ / suomp
parco naturale	**wildlife park**	uaildlaif pak
pesce	**fish**	fiʃ
pianta	**plant**	plant
picnic	**picnic**	'piknik
prateria	**grassland**	'graslænd
prato	**meadow**	'medou
prato (*di giardino*)	**lawn**	lon
rettile	**reptile**	'reptail
rifugio	**shelter**	'ʃeltə
riserva naturale	**nature reserve**	'neicə ri'zəv
ruscello	**stream**	strim
safari	**safari**	sə'fari
savana	**savannah**	sə'vænə
selvatico	**wild**	uaild
sentiero	**trail**	treil
sorgente	**spring**	sprin
sottobosco	**underbrush**	'andəbraʃ
stagno	**pond**	'pond
tana	**den**	den
Terra (*pianeta*)	**Earth**	əθ
terra (*sostanza*)	**soil**	soil
terra (*terreno, suolo*)	**ground**	graund
torrente	**torrent**	'torənt
uccello	**bird**	bed
valle	**valley**	'væli
vetta	**peak / summit**	'pik / 'samit
vulcano	**volcano**	vol'keinou

It is forbidden to pick the flowers it iz fə'bidən tə 'pik ðə 'flauəz	Vietato raccogliere fiori
Do not go off the trails du 'not gou 'of ðə 'treilz	Non abbandonare i sentieri

Do not feed the animals du 'not 'fid ði 'ænimǝlz	Non date da mangiare agli animali

Dove ci si ferma per pranzo? — **Where are we going to stop for lunch?** 'ueǝ a 'ui goin tu 'stop fǝ 'lanc

Si trovano funghi? — **Are there any wild mushrooms?** a ðeǝ 'eni 'uaild 'maʃrumz

Nel bosco si può fare un picnic? — **Can you have a picnic in the woods?** kæn iu hæv ǝ 'piknik in ðǝ 'uudz

Si possono fotografare gli animali della savana? — **Can you photograph the animals on the savannah?** kæn iu 'foutǝgræf ði 'ænimǝlz on ðǝ sǝvænǝ

There are many species of local plants ðeǝ a 'meni 'spisiz ǝv 'loukǝl plants	Ci sono molte specie di piante endemiche

ETICHETTE

Produced in... prǝ'diusd in ...	Prodotto in...
Produced by... prǝ'diusd bai ...	Prodotto da...
Organic / organically grown o'gænik / o'gænikli 'groun	Prodotto di agricoltura biologica
Packaging 'pækiʧin	Confezione
Vacuum packed 'vækiǝm pækd	sottovuoto
Sachets 'sæʃei	in bustine
Individual portions ''indi'viʤuǝl 'poʃnz	in porzioni singole
Dried draid	Essiccato
Freeze-dried 'friz draid	Liofilizzato
Natural 'næcrǝl	Naturale
Pasteurized 'pascǝraizd	Pastorizzato

Composition: ''kompə'ziʃn **fats** 'fæts **carbohydrates** ''kabou'haidreitz **animal / vegetable proteins** 'ænimǝl / 'veʤtǝbl 'proutin	Contenuto in grassi carboidrati proteine animali / vegetali
Preservatives pri'zǝvǝtivz	Conservanti
Does not contain preservatives daz not kǝn'tein pri'zǝvetivz	Senza conservanti / non contiene conservanti
Carbonated 'kabǝneitid	Con aggiunta di anidride carbonica
Thickening agents 'θikǝnin 'eiʤǝntz	Addensanti
Antioxydants ''ænti'oksidǝntz	Antiossidanti
Natural flavours 'næcurǝl 'fleivǝrz	Aromi naturali
Flavourings 'fleivǝrinz	Aromatizzanti
Colours 'kalǝs	Coloranti
To open pull here tu 'oupǝn pul hiǝ	Per aprire tirare qui
Safety seal: to open push here and twist 'seifti sil tu 'oupǝn puʃ hiǝ ǝnd tuist	Chiusura di sicurezza: per aprire fare pressione qui e svitare
Storage instructions 'storiʤ in'strakʃnz **store in a cool place / keep cool** 'stor in ǝ kul 'pleis / kip kul	Conservare al fresco
keep away from any source of heat 'kip ǝ'uei frǝm 'eni sos ov hit	al riparo da fonti di calore
store away from light 'stor ǝ'uei frǝm 'lait	al riparo dalla luce
store away from sunlight 'stor ǝ'uei frǝm 'sanlait	al riparo dal sole
keep refrigerated 'kip ri'friʤǝreitd	in frigorifero
in a dry place in ǝ 'drai 'pleis	in luogo asciutto
in an airtight container in ǝn 'eǝtait kǝn'teinǝ	in contenitore a chiusura ermetica
Cook from frozen kuk frǝm 'frouzn	Non scongelare prima dell'uso

Cooking instructions 'kukin in'strakʃnz	Scaldare
in a conventional oven in ə kən'venʃnl 'avn	in forno
in a microwave oven in ə 'maicrəueiv 'avn	in forno a microonde
shallow fry 'ʃælou 'frai	in padella
Best before... 'best bi'fo...	Da consumare preferibilmente entro il...
Use by date iuz 'bai 'deit	Scadenza
Do not refreeze once thawed du not ri'friz uans θod	Non ricongelare una volta scongelato
Suitable for vegetarians 'siutəble fə ˌveʤə'teərianz	Indicato per vegetariani
GM free 'ʤi 'em 'fri	Non contiene alimenti geneticamente modificati
Once opened consume within... days 'uans 'oupənd kən'sium ui'θin deiz	Una volta aperto consumare entro... giorni
May contain traces of nuts mei kən'tein 'treisis əv natz	Può contenere tracce di arachidi e/o di noci e simili
Real leather 'riəl 'leθə	Vera pelle
Real leather 'riəl 'leθə	Vero cuoio
100% cotton 'ə 'handrəd pə'sent 'kotn	Puro cotone
100% wool 'ə 'handrəd pə'sent ul	Pura lana
Pure new wool 'piuə ' niu ul	Pura lana vergine
100% silk 'ə 'handrəd pə'sent silk	Pura seta
100% linen 'ə 'handrəd pə'sent 'linin	Puro lino
Mixed fabric, 60% linen, 40% synthetic fiber 'mixt 'fæbrik 'siksti pə 'sent 'linin 'foti pə 'sent sin'θetik 'faibə	Misto lino 60% fibra sintetica 40%

Synthetic fibers sin'θetik 'faibəs	Fibre sintetiche
Acrylic ə'krilik	Acrilico
Nylon 'nailon	Nailon
Polyester ''poli'estə	Poliestere
Viscose 'viskouz	Viscosa
Dry clean only 'drai clin 'ounli	Lavare a secco
Hand wash in lukewarm water 'hænd uoʃ in 'liukuom uotə	Lavare a mano in acqua tiepida
Wash separately 'uoʃ 'sepəreitli	Lavare separatamente
Machine washable 'maʃin uoʃəbl	Lavabile in lavatrice
Warm iron 'uom 'aiən	Stirare a temperatura moderata

FARMACIA

acqua distillata	**distilled water**	di'stild uotə
acqua borica	**boracic acid**	boræsic 'æsid
acqua ossigenata	**oxygen peroxide**	'oksiʤen pə'roksaid
alcol	**alcohol**	'ælkəhol
analgesico	**painkiller / analgesic**	'peinkilə / ənəl'ʤezik
antibiotico	**antibiotic**	ænti'baiotik
anticoncezionale	**contraceptive**	kontrə'septiv
antipiretico	**antipyretic**	ˌæntipai'retik
antisettico	**antiseptic**	ˌænti'septik
antistaminico	**antihistamine**	ˌænti'histəmin
aspirina	**aspirin**	'æsprin
assorbenti igienici	**sanitary towels / (*Am*) sanitary napkins**	'sænətri taulz / 'sænəteri napkinz
assorbenti interni	**tampons**	'tæmponz
astringente	**astringent**	ə'strinʤənt
benda	**bandage**	'bændiʤ

borsa del ghiaccio	**ice pack / ice bag**	'ais pæk / 'ais bæg
borsa dell'acqua calda	**hot-water bottle**	hot uotə 'botl
cerotto	**(sticking) plaster / (*Am*) Band-aid®**	'stikin 'plastə / 'bænd eid
clistere	**enema**	'enəmə
collirio	**eye drops**	'ai drops
collutorio	**mouthwash**	'mauθuoʃ
compresse	**tablets**	'tæblətz
confetti	**pills**	pils
cortisonico	**cortisone based**	'kortizoun beizd
crema	**cream**	'krim
digestivo (*in compresse*)	**indigestion tablets**	ˌindi'ʤestʃən 'tæblətz
disinfettante	**disinfectant**	ˌdisin'fektənt
emostatico	**styptic**	'stiptik
farmacia	**pharmacy / chemist's / (*Am*) drug store**	'famesi / 'kemists / 'drag sto
farmaco	**medicine / drug**	'medisin / drag
fascia elastica	**elastic support**	i'læstik sə'pot
fiala	**phial / vial**	'fiəl / viəl
gargarismo	**gargling**	'gaglin
garza sterile	**surgical gauze**	'səʤikəl goz
gocce	**drops**	drops
iniezione	**injection**	in'ʤekʃn
insulina	**insulin**	'insiulin
laccio emostatico	**tourniquet**	'tonikei
lassativo	**laxative**	'læksətiv
pastiglie	**tablets / lozenges / pills**	'tæblətz / 'lozinʤiz / pilz
pomata	**ointment**	'ointmənt
preservativo	**condom**	'kondom
omeopatici	**homeopathic remedies**	ˌhoumiou'pæθik 'remidis
ricetta	**prescription**	prə'scripʃn
saccarina	**saccharine**	sækə'rin
sciroppo	**syrup**	'sirəp
sedativo	**sedative**	'sedətiv
senza zucchero	**sugar free**	'ʃugə fri

siringa	syringe	sə'rinʤ
sonnifero	sleeping pill	'slipin pil
sospensione	suspension	sə'spenʃn
supposte	suppositories	sə'pozitəriz
termometro	thermometer	θə'momitə
tintura di iodio	iodine	'aiədain
tranquillante	tranquillizer	'trænkuəlvaizə
vaccino	vaccine	'væksin
vaselina	vaseline	'væsəlin
(per) via	by	bai
endovenosa	intravenous / injection	intrə'vinəs in'ʤekʃn
intramuscolare	intramuscular / injection	intrə'maskiələ in'ʤekʃn
orale	by mouth / orally	bai ' mauθ / 'orəli
rettale	by rectal insertion / rectally	bai rektəl in'seʃn / 'rektəli
vitamine	vitamins	'vitəminz

There is a 24 hour chemist deər iz ə 'tuentifor 'auə 'kemist	C'è una farmacia aperta 24 ore

Vorrei qualcosa contro…	**I need something for…** ai 'nid 'samθin for…
i bruciori di stomaco	**heartburn** 'hatben
il mal di denti	**toothache** 'tuθeik
il mal di gola	**sore throat** 'so θrout
il mal di testa	**headache** 'hedeik
il raffreddore	**a cold** ə 'kould
il raffreddore da fieno	**hay fever** 'hei fivə
Ha un prodotto simile?	**Do you have something similar?** du iu 'hæv 'samθin 'similə
Può fare questa preparazione?	**Can you make this preparation?** kæn iu 'meik ðis ˌprepə'reiʃn
Ho un problema di stitichezza	**I suffer from constipation** ai 'safə from konsti'peiʃn

Mi può misurare la pressione?	**Can you take my blood pressure?** kæn iu 'teik mai 'blad ˌpreʃə
Ha prodotti omeopatici?	**Do you have homeopathic remedies?** du iu 'hæv ˌhoumiə'pæθik re'midis

I suggest you see a doctor ai sə'ʤest iu 'si ə 'doktə	Le consiglio di andare da un medico
Do you have a prescription? du iu 'hæv ə prə'scripʃən	Ha la ricetta?
I can't give you this without a prescription ai kant 'giv iu 'ðis ˌuiðaut ə prə'scripʃən	Non posso darle questo prodotto senza ricetta
Read the instructions carefully 'rid ði instrakʃənz 'keəfəli	Leggere bene le avvertenze

FESTIVITÀ

capodanno	**New Year's Day**	'niu iiəz 'dei
carnevale	**carnival**	'kanivəl
Epifania	**Epiphany**	e'pifəni
Ferragosto	**August holiday**	'ogəst 'holidei
Natale	**Christmas**	'krisməs
Ognissanti	**All Saints' Day**	'ol seints 'dei
Pasqua	**Easter**	'istə
Pentecoste	**Pentecost**	'pentəkost
San Silvestro	**New Year's Eve**	'niu iiəz 'iv
Santo Stefano	**Boxing Day**	'boksin 'dei
settimana santa	**Holy Week**	'houli uik
buona Pasqua	**Happy Easter**	'hæpi 'istə
buone feste	**Happy holidays**	'hæpi 'holideiz
buon Natale	**Merry Christmas**	'meri 'krisməs
felice anno nuovo	**Happy New Year**	'hæpi niu 'iiə
Hanukkah	**Hanukkah / Chanukkah**	ha'nuka
Kippur	**Yom Kippur**	iom kip'or

Pesach	**Pesach / Passover**	pei'sæh / pa'sovə
Purim	**Purim**	piu'rim
Fine del Ramadan	**Id (Eid) al-Fitr**	id al fi'tə / 'aidal 'fitr
(festa del) Sacrificio del montone	**Id (Eid) al-Adha**	id al ad'ha / 'aidal ad'ha

FIORI, PIANTE

crisantemo	**chrysanthemum**	kri'sænθəməm
fioraio / fiorista	**florist**	'florist
fiore	**flower**	'flauə
garofano	**carnation**	ka'neiʃn
gerbera	**gerbera**	'ʤebərə
girasole	**sunflower**	'sanflauə
gladiolo	**gladiolus**	ˌglædi'ouləs
margherita	**daisy**	'deizi
mazzo	**bunch / bouquet**	banc / bu'kei
mimosa	**mimosa**	mi'meuzə / (*Am*) mi'meusə
orchidea	**orchid**	'okid
pianta	**plant**	plant
aromatica	**aromatic plant**	ærə'mætik
da appartamento	**indoor plant / house plant**	'indo plant / 'haus plant
da esterno	**garden plant**	'gadin plant
grassa	**succulent**	'sakiulent
rosa	**rose**	rouz
tulipano	**tulip**	'tiulip
vaso	**vase**	vaz

Vorrei mandare un mazzo di fiori	**I would like to send a bouquet** ai ud 'laik tu 'send ə bu'kei
Avete un biglietto?	**Do you have cards?** du iu hæv 'kadz
C'è da pagare il servizio?	**How much is it for the delivery?** hau 'mac iz də'livəri

Delivery is free də'livəri iz 'fri	La consegna è gratis
Potete consegnare entro stasera?	**Can you deliver them by this evening?** kæn iu də'livə ðem bai ðis 'ivnin
Vorrei una pianta fiorita	**I'd like a plant with flowers** aid ˌlaik ə 'plant uið 'flauəz
Water it sparingly 'uotər it 'speərinli	La deve bagnare poco

FOTO, OTTICA

autoscatto	**self-timer**	'self taimə
bianco e nero	**black and white**	'blæk ənd uait
binocolo	**binoculars**	bi'nokiuləz
cavalletto	**tripod**	'traipod
cinepresa	**movie camera**	'muvi kæmerə
(a) colori	**colour**	'kaləz
diaframma	**aperture**	'æpəcə
diottrie	**diopters**	dai'optəz
esposimetro	**exposure meter**	ik'spoujə ˌmitə
filtro	**filter**	'filtə
formato	**format / size**	'fomət / saiz
fotografia	**photograph**	'foutəgraf
fuoco	**focus**	'foukəs
grandangolo	**wide-angle lens**	uaid 'ængəl lenz
ingrandimento	**enlargement**	in'laʤmənt
inquadratura	**frame, shot**	freim / ʃot
lente d'ingrandimento	**magnifying lens**	'mægnifaiin lenz
lenti a contatto	**contact lenses**	'kontækt lenziz
mirino	**viewfinder**	'viufaində
montatura	**frames**	freimz
negativo	**negative**	'negətiv
obiettivo	**lens**	lenz
occhiali	**glasses**	'glasiz
otturatore	**shutter**	'ʃatə

pellicola	**film**	film
posa	**pose**	'pouz
provini	**proofs**	prufs
rullino	**roll of film**	'roul əv film
scatto	**release**	rə'lis
sottoesposto	**underexposed**	ˌandərik'spouzd
sovraesposto	**overexposed**	ˌouvərik'spouzd
stampa	**print**	print
sviluppo	**develop**	də'veləp
teleobiettivo	**zoom lens**	'zum lenz

Vorrei una pellicola da 36 pose da 100 ASA — **I'd like a roll of film, 36 shots, 100 ASA** aid 'laik ə 'roul əv 'film 'θətisiks 'ʃots ə 'handrəd 'eizə

Vorrei stampare queste foto — **I'd like to get these photos printed** aid 'laik tə 'get ðiz 'foutəz 'printəd

They'll be ready tomorrow 'ðeəl bi 'redi tə'morou — Sono pronte per domani

Mi può togliere il rullino? — **Can you take the roll out?** kæn iu 'teik ðə 'roul 'aut

Si può riparare l'esposimetro? — **Can you repair the exposure meter?** kæn iu rə'peə ði ik'spoujə ˌmitə

Vorrei fare 4 fototessere — **I need four passport size photos** ai 'nid 'fo 'paspot ˌsaiz 'foutəz

Mi può restringere la montatura? — **Can you tighten the frames?** kæn iu 'taitən ðə 'freimz

Vorrei una lente a contatto morbida — **I'd like soft contact lenses** aid ˌlaik 'soft kontækt lenziz

What gradation? ˌuot grə'deiʃən — Con quale gradazione?

Vorrei del liquido per lenti a contatto — **Do you have contact lens solution?** du iu hæv 'kontækt lenz sə'luʃən

FURTO, SMARRIMENTO, AGGRESSIONE

aggressione	**assault**	ə'solt
aiuto!	**help!**	help
borsaiolo	**pickpocket**	'pikpokit
borseggio	**pickpocketing**	'pikpokitin
furto	**theft**	θeft
furto con scasso	**burglary**	'begləri
ladro	**thief**	θif
ladro (*scassinatore*)	**burglar**	'beglə
molestie	**harassment / molestation**	hə'ræsmənt / ˌmoule'steiʃn
ostaggio	**hostage**	'hostiʤ
pestaggio	**punch up**	'panc ap
rapimento	**kidnapping**	kid'næpin
rapina	**armed robbery**	amd roberi
rapinatore	**armed robber**	amd robə
scippo	**bag-snatching**	bæg 'snæcin
sequestro (*di persona*)	**kidnapping**	kid'næpin
sparatoria	**shooting**	'ʃutin
stupro	**rape**	'reip
violenza	**violence**	'vaiələns
violenza sessuale	**rape**	reip

Il mio nome è...	**My name is...** mai 'neim iz...
Ho perso i documenti	**I lost my papers** ai lost mai 'peipəz
Ho trovato un portafogli	**I found a wallet** ai faund ə 'uolit
Dov'è il consolato italiano?	**Where is the Italian Consulate?** 'ueə iz ði i'tæliən 'konsələt
Dov'è l'ufficio oggetti smarriti?	**Where is the lost and found office?** 'ueə iz ðə 'lost ənd faund 'ofis
Voglio denunciare il furto del portafogli	**I want to report a stolen wallet** ai ˌuont tə rə'pot ə 'stoulən 'uolit

Sono stato scippato	**I was robbed** ai uaz 'robd
Mi hanno rubato la macchina	**My car was stolen** mai 'ka uaz 'stoulən
Il furto è avvenuto in via...	**The theft occurred in...** ðə 'θeft ə'kəd in...
Ho assistito a un sequestro di persona	**I witnessed a kidnapping** ai 'uitnest ə kid'næpin
Mi lasci in pace!	**Leave me alone!** 'liv mi ə'loun
Se ne vada o chiamo la polizia!	**Go away or I'll call the police!** 'gou ə'uei or ail kol ðə pə'lis
C'è un uomo che mi segue	**There's a man following me** ðeəz ə 'mæn 'folouin 'mi
Voglio denunciare un'aggressione	**I want to report an assault** ai ˌuont tə rə'pot ən ə'solt

Where did the theft happen? 'ueə did it 'hæpən	Dov'è avvenuto il furto?
Were there any witnesses? 'ueə ðeər ˌeni 'uitnəsiz	Ci sono testimoni?
How many were they? hau 'meni 'ueə ðeə	Quanti erano?
Could you identify them? kud iu ai'dentifai ðem	Saprebbe riconoscerli?
Did you have money / jewelry / valuables? did iu hæv 'mani / 'ʤuəlri / 'væliublz	Aveva denaro / preziosi / oggetti di valore?
Do you want to file a complaint? du iu 'uont tə 'fail ə kam'pleint	Vuole sporgere denuncia?

GIOCO

alfiere	**bishop**	'biʃəp
arroccare	**to castle**	tu 'kasl
asso	**ace**	eis
banco	**bank**	bænk
biliardo	**billiards**	'biliədz / pul
biliardo a buca	**pool**	pul
biliardo inglese	**snooker**	'snukə
birilli	**skittles**	'skitəlz
bocce	**bowls**	'bouls
bridge	**bridge**	briʤ
buca	**pocket**	'pokit
carambola	**cannon**	'kænən
canasta	**canasta**	kə'nastə
carte	**cards**	kadz
casa da gioco (*illegale*)	**gambling hall**	'gæmblin hol
casa da gioco (*legale*)	**casino**	kə'sinou
cavallo	**knight**	nait
colore	**suit**	sut
compagno	**partner**	'patnə
consolle	**console**	'konsoul
coppia	**pair**	peə
croupier	**croupier**	'krupiei
cuori	**hearts**	hats
dadi	**dice**	'dais
dama	**draughts / (*Am*) checkers**	drafts / 'cekəz
dichiarazione	**bid**	bid
domino	**dominoes**	'dominous
donna	**queen**	kuin
doppia coppia	**two pairs**	'tu peəz
fante	**jack**	ʤæk
fiori	**clubs**	klabz
flipper	**pinball**	'pinbol
full	**full house**	'ful haus
gettone / fiche	**chip**	cip

gioco da tavolo	board-game	'bod geim
gioco d'azzardo	gambling	'gæmblin
jolly	joker	'ʤoukə
joystick	joystick	'ʤoistik
mangiare	take	'teik
mazzo	deck / pack	dek / pæk
mescolare	shuffle	shafl
mossa	move	muv
muovere	to move	tu muv
pallino (*biliardo*)	cue ball	kiu bol
pallino (*bocce*)	jack	ʤæk
partita	game	geim
passare	to pass	tu pas
pedina	piece	pis
pedone	pawn	pon
perdere	to lose	to luz
picche	spades	speidz
play station	play station	ˌplei 'steiʃn
poker	poker	'poukə
puntata	bet	bet
punti	score	sko
quadri	diamonds	'daiəməndz
re	king	kin
regina	queen	kuin
scacchi	chess	ces
scacchiera	chess board	'ces bod
scacco	check	'cek
scacco matto	check mate	'cek meit
scala	straight	'streit
scala reale	straight flush	'streit flaʃ
sponda	cushion	'kuʃn
stecca	cue	kiu
tagliare	to cut	tu kat
tavolo da gioco	gaming table	'geimin 'teibəl
torneo	tournament	'tounəmənt
torre	rook	ruk
tris	three-of-a-kind	'θri əv ə 'kaind
vincere	to win	to uin

Dove si trova una sala giochi?	**Is there a games room nearby?** iz ðeə ə 'geimz rum niə'bai
Vorrei iscrivermi al torneo di canasta	**I want to sign up for the canasta tournament** ai 'uont tə 'sain ap fo ðə kə'nastə
Non voglio giocare a soldi	**I don't want to bet** ai ˌdount 'uont tu bet
Non so giocare a carte	**I don't know how to play cards** ai ˌdount' nou hau tə 'plei 'kadz

GIOIELLI, OROLOGI

anello	**ring**	rin
argento	**silver**	'silvə
astuccio	**case**	keis
avorio	**ivory**	'aivəri
braccialetto	**bracelet**	'breislət
carica	**winding**	'uaindin
cassa	**case**	keis
catena	**chain**	cein
cinturino	**strap**	stræp
d' acciaio	**steel**	stil
di pelle	**leather**	'leðə
collana	**necklace**	'neklis
corallo	**coral**	'korəl
cornice	**frame**	freim
diamante	**diamond**	'daiəmənd
gioiello	**jewel**	'ɗuəl
lancetta	**hand**	hænd
madreperla	**mother-of-pearl**	ˌmaðər əv 'pəl
montatura	**setting**	'setin
movimento automatico	**automatic movement**	ˌotə'mætik 'muvmənt
movimento al quarzo	**quartz movement**	kuotz 'muvmənt
orecchini	**earrings**	'iərinz

oro	**gold**	gould
orologio da polso	**watch**	'uoc
orologio da tavolo / da parete	**clock**	klok
a pendolo	**pendulum clock**	'pendiuləm klok
con calendario	**with calendar**	uið 'kæləndə
con datario	**date**	uið deit
perla	**pearl**	pel
coltivata	**cultured pearl**	'kalcərd pel
naturale	**real pearl**	'ril pel
pietra dura	**semi precious stone**	ˌsemi 'preʃəs stoun
placcato	**plated**	'pleitəd
platino	**platinum**	'plætinəm
quadrante	**dial / face**	daiəl / feis
rubino	**ruby**	'rubi
smalto	**enamel**	ə'næməl
smeraldo	**emerald**	'emərəld
spilla	**pin / brooch**	pin / brouc
sveglia	**alarm clock**	ə'lam klok

Mi si è fermato l'orologio. Può ripararlo?	**My watch stopped. Can you fix it?** mai 'uoc 'stopt 'kæn iu 'fiks it
Va avanti di cinque minuti ogni ora	**It gains five minutes every hour** it 'geinz 'faiv 'minits evri 'auə
Vorrei cambiare la pila dell'orologio	**I need to change my watch battery** ai 'nid tə 'ceinʤ mai 'uoc 'bætəri
Vorrei vedere un orologio subacqueo	**Can I see a scuba diving watch?** kæn ai 'si ə 'skubə ˌdaivin 'uoc
Che pietra è?	**What stone is it made of?** uot 'stoun iz it 'meid ov
Di quanti carati è?	**How many carats is it?** hau 'meni 'kærəts iz it
Può farmi infilare queste perle?	**Can you have these pearls stringed for me?** kæn iu hæve ðiz pels'stringd fo mi

GIORNALI, LIBRI

cartina	**map**	mæp
dizionario	**dictionary**	'dikʃənəri
edicola	**bookstall / (*Am*) news stand**	'bukst<u>o</u>l / 'ni<u>u</u>z stænd
giornale	**newspaper**	'ni<u>u</u>zpeipə
guida	**guide**	gaid
illustrazione	**picture / illustration**	ilə'streiʃn
libreria	**book shop**	'buk ʃop
libro	**book**	buk
notizia	**news**	ni<u>u</u>z
quotidiano	**daily / newspaper**	'ni<u>u</u>zpeipə
rivista	**magazine**	'mægəz<u>i</u>n
romanzo	**novel**	'novəl

Conosce una libreria antiquaria?	**Do you know any antiquarian bookshop?** du iu 'nou 'eni ˌænti'kueriən 'buk ʃop
Vorrei la carta automobilistica di…	**I'd like a road map for…** aid 'laik ə 'roud mæp f<u>o</u>
Vorrei una guida turistica in italiano	**I'd like a tourist guide in Italian** aid 'laik ə 't<u>o</u>rist gaid in i'tæliən
Vorrei un libro illustrato su…	**I'd like a book with illustrations on…** aid laik ə 'buk uið ilə'streiʃnz on …
Vorrei un dizionario italiano / inglese	**I'd like an Italian / English dictionary** aid 'laik ən i'tæliən / 'ingliʃ 'dikʃənəri
Avete giornali in italiano?	**Do you have any Italian newspapers?** du iu 'hæv ˌeni i'tæliən 'ni<u>u</u>zpeipəz

GOLF

buca	**hole / cup**	houl / kap
bunker	**bunker / (*Am*) sand trap**	'bankə / 'sændtræp

campo	**course**	kos
ferro	**iron**	'aiən
golf	**golf**	'golf
legno	**wood**	uud
mazza	**club**	klab
pallina	**(golf) ball**	'golf bol
percorso	**round**	raund
tiro	**shot**	ʃot

Esiste un campo da golf da queste parti?	**Is there a golf course nearby?** iz ðeə ə 'golf kos nie'bai

Yes, but only nine holes 'ies bat 'ounli 'nain 'houlz	Sì, ma solo a 9 buche
There's an 18 hole course, but it's 20 km away deəz ən ei'tin houl 'kos bat its 'tuenti ki'lomətəz ə'uei	C'è un campo a 18 buche, ma è a 20 km da qui
It's a difficult course its ə 'difikəlt 'kos	È un campo difficile
What's your handicap? 'uots io 'hændikæp	Qual è il tuo handicap?

Che ferro si usa per questo tiro?	**What club should I use here?** uot 'klab ʃud ai 'iuz 'hiə

Use a nine iron for your approach 'iuz ə nain 'aiən fo ior ə'prouc	L'approccio si fa col 9

HI-FI, RADIO, TV

amplificatore	**amplifier**	'æmplifaiə
antenna	**aerial / (*Am*) antenna**	'eəriəl / æn'tenə
antenna parabolica	**(satellite) dish**	'sætilait diʃ
autoradio	**car radio**	'ka reidiou
canale	**channel**	canl
casse (*stereofoniche*)	**stereo speakers**	'steriou 'spikəz

HI-FI, RADIO, TV

cassetta	**cassette / tape**	kə'set / teip
CD (compact disk)	**CD**	'si di
cuffia	**head phones**	'hed founz
decodificatore	**decoder**	di'coudə
definizione	**definition**	''defi'niʃn
disco (*vinile*)	**record**	'rəkod
giradischi	**record player**	'rəkod pleiə
hi-fi	**hi-fi**	'hai fai
lettore di cassette	**cassette player**	ka'set 'pleiə
lettore di CD	**CD player**	'si di 'pleiə
musica	**music**	'miuzik
classica	**classical**	'klæsikl
etnica	**ethnic**	'eθnik
folk	**folk**	'fouk
jazz	**jazz**	'ʤæz
leggera	**easy listening**	'izi 'lisənin
rock	**rock**	rok
radio	**radio**	'reidiou
radiolina (*portatile*)	**portable radio**	'potəbəl 'reidiou
radioregistratore	**radio cassette recorder**	'reidiou ka'set ri'kodə
registratore	**tape recorder**	'teip ri'kodə
(impianto) stereo	**stereo**	'steriou
televisione	**television**	teli'viʃn
televisione via cavo	**cable television**	'keible teli'viʃn
televisore	**TV (set) / television set**	'ti 'vi set / teli'viʃn set
a colori	**colour**	'kalə
portatile	**portable**	'potəbl
videocamera	**videocamera**	'vidiou'kæmərə
videocassetta	**videocassette / videotape**	''vidiouka'set / 'vidiouteip
videogioco	**video game**	'vidiou geim
videoregistratore	**recorder/ VCR**	ri'kodə / 'vi si a
walkman	**personal CD player**	'pesənl 'si di pleiə

Vorrei delle pile come queste	**I need batteries like these ones** ai 'nid 'bætəriz laik 'ðiz uanz
Come funziona?	**How does it work?** 'hau daz it uək

Quanto dura la garanzia?	**How long is the warranty?** hau 'lon iz ðə 'uorənti
Qual è il voltaggio?	**What's the electric voltage?** 'uots ði i'lektrik 'voultiʤ
È necessario un trasformatore?	**Do you need a transformer?** du iu 'nid ə ''træns'fomə
Può indicarmi un riparatore radio-TV?	**Is there a radio and TV repair shop near here?** iz 'ðeə ə 'reidiou ənd 'ti 'vi rə'peə 'ʃop 'niə 'hiə
Può ripararlo?	**Can you fix it?** kæn iu 'fiks it

It's not worth repairing it its not 'uəθ rə'peərin it	Non le conviene ripararlo
It will be ready on Friday it uil bi 'redi on 'fraidei	Sarà pronto per venerdì

IGIENE, TOILETTE, ESTETICA

acetone	**nail polish remover**	'neil poliʃ rə'muvə
acqua di colonia	**toilet water / (eau de) cologne**	'toilət 'uotə / ˌou də kə'loun
asciugamano	**towel**	'tauəl
burro di cacao	**cocoa butter**	'koukə batə
callifugo	**corn plaster**	'kon plastə
ceretta a caldo	**hot wax**	'hot uæks
ceretta a freddo	**strip wax**	'strip uæks
cipria	**(face) powder**	'feis 'paudə
cotone idrofilo	**cotton wool**	'kotən uul
crema	**cream**	krim
anti acne	**acne**	'æknə
da giorno	**day**	dei
da notte	**night**	nait
depilatoria	**hair-removing / depilatory**	heə re'mouvin / di'pilətəri

crema	**cream**	krim
idratante	**moisturizing**	moiscə'raizin
per il viso	**face**	feis
per il corpo	**body**	'bodi
per le mani	**hand**	hænd
solare	**sun**	san
dentifricio	**toothpaste**	'tuθpeist
deodorante	**deodorant**	di'oudərənt
depilazione	**hair-removal**	heə ri'muvl
detergente	**cleanser**	'klenzə
estetista	**beautician**	bu'tiʃn
fondotinta	**foundation cream**	faun'deiʃn krim
gel	**gel**	ʤel
igiene	**hygiene**	'haiʤin
lametta da barba	**razor blade**	'reizə 'bleid
lampada abbronzante	**tanning lamp**	'tænin læmp
latte / lozione	**lotion**	'louʃn
lima per le unghie	**nail file**	'neil fail
manicure	**manicure**	'mænikiuə
mascara	**mascara**	mæ'skarə
massaggio	**massage**	mæ'saj
matita per occhi	**eye liner**	'ai lainə
olio	**oil**	oil
ombretto	**eyeshadow**	'aiʃædou
pelle grassa	**oily skin**	'oili skin
pelle secca	**dry skin**	'drai skin
pennello da barba	**shaving brush**	'ʃeivin braʃ
pettine	**comb**	'koum
pinzette	**tweezers**	'tuizəz
piumino (*da cipria*)	**powder puff**	'paudə paf
rasoio usa e getta	**disposable razor**	di'spouzəbl 'reizə
rimmel	**mascara**	mæ'skarə
rossetto	**lipstick**	'lipstik
sali da bagno	**bath salts**	'baθ solts
sapone	**soap**	soup
smalto per le unghie	**(nail) varnish / (*Am*) nail polish**	'neil vaniʃ / 'neil 'poliʃ
solare	**sun**	san

solvente	**nail polish remover**	'neil poliʃ rə'mu̲və
spazzola (*per capelli*)	**hairbrush**	'heəbraʃ
spazzolino da denti	**tooth-brush**	'tu̲θbraʃ
spazzolino da unghie	**nail-brush**	'neil braʃ
specchietto	**compact mirror**	'kompækt mirə
spugna	**sponge**	'spanʤ
tonico	**tonic**	'tonik

Dove si trova il reparto cosmetici?	**Where is the cosmetics department?** 'ueə iz ðə kos'metiks də'pa̲tmənt
C'è un salone di estetica?	**Is there a beauty salon?** iz ðeə ə 'biu̲ti 'sælon
Vorrei fare una pulizia del viso	**I'd like to have a facial cleaning** aid ˌlaik tə hæv ə 'feiʃəl 'kli̲nin
Mi faccia un trucco leggero	**Give me a natural look, please** giv mi ə 'næcrəl luk pli̲z
Vorrei un rossetto di questo colore	**I'm looking for this colour of lipstick** aim lukin fo ðis 'kalər əv 'lipstik
Posso provare questo profumo?	**May I sample this perfume?** mei ai 'sa̲mple ðiz 'pe̲fiu̲m

Would you like manicure and pedicure? ud iu 'laik 'mænikiuə ənd 'pedikiuə	Desidera fare manicure e pedicure?
We also offer hair removal treatments ui̲ 'o̲lsou ofə heə ri'mu̲vl 'tri̲tməntz	Possiamo fare anche la depilazione

INCIDENTE STRADALE

eccesso di velocità	**speeding**	'spi̲din
linea continua	**solid line**	'solid lain
linea tratteggiata	**broken line**	'broukən 'lain
precedenza	**right of way**	'rait əv 'uei
saltare la corsia	**to cross the central reservation**	tu 'kros ðə 'sentrəl reza'veiʃn

scontro	**crash**	kræʃ
scontro frontale	**head-on collision**	'hæd on kə'liʃn
sorpasso	**overtaking / (*Am*) pass**	'ouvəteikin / pas
stop	**stop**	stop
tamponamento	**collision**	kə 'liʃn
tamponamento a catena	**pile-up**	'pail ap

Sta bene?	**Are you all right?** a iu ˌol 'rait
Pronto, polizia. C'è stato un incidente in via… / piazza… angolo via…	**Hello, police? There's been an accident in… street / square at the corner of… street** hə'lou pə'lis ðeəz bin ən 'æksidənt in 'strit / skueə æt ðə 'konər əv 'strit
sulla strada da… a… al km…	**on the road between… and… at km number…** on ðə 'roud bi'tuin ənd ət ki'lomitə 'nambə
sull'autostrada n… al km…	**on the… motorway at km number…** on ðə 'moutəuei ət ki'lomitə 'nambə

Don't move the cars until we arrive 'dount 'muv ðə 'kaz antil ui ə'raiv	Non spostate le macchine fino al nostro arrivo
Is anyone hurt? iz 'eniuan 'hət	Ci sono feriti?
Stay back 'stei bæk	State indietro
Let them through let ðəm 'θru	Lasciateli passare
Did anyone see the accident? did 'eniuan 'si ði 'æksidənt	Qualcuno ha visto l'incidente?

Lei è disponibile a testimoniare?	**Will you testify?** uil iu 'testifai
Posso avere il suo nome e indirizzo?	**Can I have your name and address?** kæn ai 'hæv io 'neim ənd ə'dres
Le scrivo i miei dati e i dati dell'assicurazione	**I'll give you my data and that of my insurance** ail 'giv iu mai 'deitə ənd ðæt əv mai in'ʃuərəns

Can I see your driver's licence? kæn ai 'si io 'draivəz 'laisəns	Posso vedere la sua patente?

Qual è la sua assicurazione?	**Who are you insured with ?** 'hu a iu in'ʃəd uiθ
Ho dei testimoni	**I have witnesses** ai hæv 'uitnəsiz

INCIDENTI, SMARRIMENTO DI PERSONE

aiuto!	**help!**	help
al fuoco!	**fire!**	'faiə
allarme	**alarm**	ə'lam
attenzione!	**careful! / beware!**	'keəfəl / bi'ueə
cadavere	**body**	'bodi
caduta	**fall**	fol
crollo	**collapse**	kə'læps
emergenza	**emergency**	i'meʤənsi
esalazioni	**fumes**	'fiumz
esplosione	**explosion**	ik'sploujn
estintore	**fire extinguisher**	'faiər ik'stinguiʃə
ferito	**hurt / injured**	hət / 'inʤəd
fiamme	**flames**	fleimz
fuga di gas	**gas leak**	'gæs lik
fumo	**smoke**	'smouk
fuoco	**fire**	'faiə
incendio	**fire**	'faiə
incidente	**accident**	'aksident
macerie	**rubble**	'rabl
morto	**dead**	ded
pericolo	**danger**	'deinʤə
pronto soccorso (*di ospedale*)	**accident and emergency** (*A and E*)	'æksidənt ənd i'meʤənsi / 'ɛi ən 'i
scoppio (*esplosione*)	**explosion**	ik'sploufn
scoppio (*di conduttura*)	**burst**	'best

urgente	**urgent**	'əʤənt
urto	**bump / crash**	bamp / kræʃ

C'è un telefono?	**Do you have a telephone?** du iu 'hæv ə 'teli'foun
Qualcuno ha un cellulare?	**Does anybody have a mobile?** daz 'enibodi hæv ə mou'bail
C'è un medico?	**Is there a doctor?** iz ðeə ə 'doktə
Chiamate un'ambulanza	**Call an ambulance** 'kol ən 'æmbiələns
Chiamate la polizia	**Call the police** 'kol ðə pəlis
Chiamate i pompieri	**Call the fire brigade / (*Am*) fire department** 'kol ðə 'faiə bri'geid / 'faiə də'patmənt
Mi può aiutare?	**Can you help me?** kæn iu 'help mi
C'è qualcuno che parla italiano?	**Does anyone speak Italian?** daz 'eniuan 'spik i'tæliən
Ho avuto un incidente	**I've had an accident** aiv hæd ən 'æksidənt
Il mio nome è…	**My name is…** mai 'neim iz…
Portatemi al pronto soccorso	**Take me to hospital emergency** 'teik mi tə 'hospitəl i'məʤənsi
Ho assistito a un incidente	**I saw an accident** ai so ən 'æksidənt
Grazie, io sto bene	**I'm ok, thanks** aim ˌou 'kei θænks
Ci sono morti	**There are some people dead** ðeə a sam pipl 'ded
Ci sono feriti	**There are some people injured** ðeə a sam pipl 'inʤərd
Ci sono persone sotto le macerie	**There are some people under the rubble** ðeə a sam 'pipl andə ðə 'rabl
Non muovetelo!	**Don't move him!** 'dount 'muv him
Non respira	**He / she doesn't breathe** hi / ʃi daznt 'brið

Non vedo più il mio gruppo	**I can't see my group any more** ai kant si mai 'grup 'eni 'mo
Mia figlia si è persa	**My daughter is lost** mai 'dotə iz 'lost
È una bambina di 6 anni	**She's a girl of six** ʃiz ə 'gəl əv 'siks
È vestita con…	**She's wearing a…** ʃiz 'ueərin ə
Si può fare un annuncio con l'altoparlante?	**Can you make an announcement on the loud-speaker?** ken iu 'meik ən ə'naunsmənt on ðə 'laudspikə
Mi può chiamare il sig… con l'altoparlante?	**Can you call Mr… on the loudspeaker please?** kæn iu 'kol 'mistə on ðə 'laudspikə 'pliz

IPPICA, EQUITAZIONE

allevamento	**breeding / stud farm / stables**	'bridin / 'stad fam / 'steibəlz
briglie	**bridle**	'braidəl
casacca (*di fantino*)	**blouse / racing jacket**	'blauz / 'reisin ʤækit
cavaliere	**rider**	'raidə
cavallo	**horse**	hos
corsa a ostacoli	**steeplechase**	'stiplceis
corsa di cavalli	**horse race**	'hos reis
equitazione	**(horse) riding**	'hos 'raidin
fantino	**jockey**	'ʤoki
frustino	**whip**	uip
galoppo	**gallop**	'gæləp
ippodromo	**racecourse**	'reiskos
maneggio (*scuola di equitazione*)	**riding school**	'raidin skul
morso	**bit**	bit
ostacolo	**hurdle**	'hedl
passo (*andatura*)	**walk**	uok

percorso	**set course**	set 'kos
pista	**racecourse**	'reiskos
purosangue	**thoroughbred**	'θarəbred
redini	**reins**	reinz
sella	**saddle**	'sædəl
speroni	**spurs**	spez
staffa	**stirrup**	'stirəp
stallone	**stallion**	'stæliən
stivali	**boots**	buts
trotto (*andatura*)	**trot**	trot
trotto (*gara*)	**trotting race**	'trotin reis

Do you ride English or American style? du iu 'raid 'ingliʃ o ə'merikən 'stail — Monta all'inglese o all'americana?

Preferisco la staffa un po' più lunga — **I'd like the stirrup a little longer** aid 'laik ðə 'stirəp ə 'litəl 'longə

Hold the reins looser 'hould ðə 'reinz 'lusə — Tieni le redini più lunghe

Vorrei andare più veloce — **I'd like to ride faster** aid 'laik tə raid 'fastə

He goes right from trotting to galloping hi 'gouz rait from 'trotin tu 'gæləpin — Passa subito dal trotto al galoppo

Vorrei scommettere su questo cavallo nella quinta corsa — **I want to bet on this horse in the fifth race** ai uont tə 'bet on ðis 'hos in ðə fifθ 'reis

A quanto lo danno? — **What odds does he give?** uot 'odz daz hi 'giv

LAVANDERIA, TINTORIA

ferro da stiro	**iron**	'aiən
lavaggio ad acqua	**washing in water**	'uoʃin in uotə
a secco	**dry cleaning**	ˌdrai 'klinin
lavanderia	**laundry**	'londri
lavanderia a gettone	**laund(e)rette / (*Am*) coin laundry**	lon'dret / koin 'londri
macchia	**stain**	'stein
rammendo	**mending**	'mendin
smacchiatore	**stain remover**	'stein ri'mouvə
stirare	**to iron**	tu 'aiən
tingere	**to dye**	tu 'dai
tintoria	**dry cleaner's**	ˌdrai 'klinəz
unto	**grease**	'gris

Vorrei fare lavare a secco questo vestito | **I'd like to dry clean this suit** aid 'laik tə drai 'klin ðis 'sut

It must be handwashed it mast bi 'hænd uoʃd | Bisogna lavarlo a mano

Vorrei far stirare questo abito | **I'd like to get this dress ironed** aid 'laik tə 'get ðis 'dres 'aiənd

This stain can't be removed ðis 'stein kant bi ri'muvd | Questa macchia è indelebile

Fate rammendi invisibili? | **Do you do invisible mending?** du iu 'du in'vizəbəl 'mendin

Per quando sarà pronto? | **When will it be ready?** uen uil it bi 'redi

Mi occorre per sabato | **I need it for Saturday** ai 'nid it fo 'sætədei

LOCALI DI DIVERTIMENTO

ballare	**to dance**	tu 'dans
buttafuori	**doorman / bouncer**	'domæn / 'baunsə
complesso	**group**	grup
consumazione	**drink**	drink
disc-jockey	**DJ / disk jockey**	di 'ʤei / 'disk ʤoki
disco bar / pub	**bar / pub with music**	ba / pab uiθ 'miuzik
discoteca	**disco**	'diskou
gruppo (*musicale*)	**band / group**	bænd / grup
guardaroba	**cloakroom**	'kloukrum
locale	**bar**	ba
musica dal vivo	**live music**	'laiv miuzik
night club	**night club**	'nait klab
orchestra	**band**	bænd
piano-bar	**piano bar**	pi'ænou ˌba
pista da ballo	**dance floor**	'dans flo
sala da ballo	**ballroom**	'bolrum
spogliarello	**strip tease**	strip 'tiz

Cosa si fa la sera da queste parti?	**What do you do at night round here?** 'uot du iu 'du ət 'nait raund 'hiə
Ci sono locali aperti a quest'ora?	**Are there any clubs / bars open at this time?** a ðeə 'eni 'nait klabz / baz 'oupən ət ðis 'taim
C'è un posto dove suonano musica locale?	**Is there any place where they play local music?** iz ðeər 'eni 'pleis ueə ðei 'plei 'loukəl 'miuzik
A che ora chiude?	**What time does it close?** uot 'taim daz it 'klouz
Quanto costa l'ingresso?	**How much is it to go in?** hau 'mac iz it tə 'gou in
È compresa la prima consumazione?	**Does that include your first drink?** daz ðæt in'klud io 'fəst 'drink

Dov'è il guardaroba?	**Where's the cloakroom?** ueəz ðə 'kloukrum
Vorrei bere qualcosa di poco alcolico	**I'd like something not too strong to drink** aid 'laik 'samθin not ˌtu 'stron tə 'drink
Un whisky con ghiaccio, per favore	**Whisky on the rocks, please** 'uiski on ðə 'roks 'pliz

MARE

acqua	**water**	'uotə
autorespiratore	**aqualung**	'ækuəlan
bagnino	**life guard**	'laif gad
bagno	**swim**	suim
barca	**boat**	bout
a motore	**motorboat**	'moutəbout
a remi	**rowing boat / (*Am*) row boat**	'rouin bout / 'roubout
a vela	**sailing boat / (*Am*) sail boat**	'seilin 'bout / 'seil 'bout
boa	**buoy**	boi
boccaglio	**mouthpiece**	'mauθpis
bombola	**air tank**	'eə tænk
cabina	**cabin**	'kæbin
cabinato	**cabin cruiser**	'kæbin 'kruzə
cavallone	**roller / breaker**	'roulə / 'breikə
cima (*corda*)	**rope**	'roup
corrente	**current**	'karənt
costa	**coast**	koust
giubbotto di salvataggio	**life jacket**	'laif 'ʤekit
gommone	**(rubber) dinghy**	'rabə 'dingi
immersione	**diving**	'daivin
con autorespiratore	**scuba-diving**	'skubə daivin

MARE

immersione	**diving**	'daivin
senza muta	**skin-diving**	'skindaivin
in apnea	**free diving**	fri 'daivin
laguna	**lagoon**	lə'gun
mare	**sea**	si
agitato	**rough**	raf
aperto	**open**	'oupən
calmo	**calm**	kam
mosso	**rough**	raf
marea	**tide**	taid
maschera	**goggles / mask**	goglz / mask
muta	**diving suit / wetsuit**	'daivin sut / 'uet sut
oceano	**ocean**	'ouʃən
ombrellone	**beach umbrella**	'bic ambrelə
onda	**wave**	'ueiv
ormeggio (*azione*)	**mooring**	'muərin
ormeggio (*luogo*)	**moorings**	'muərins
pinne	**flippers**	flipəz
remo	**oar**	o
riva	**shore / bank**	ʃo / bænk
sabbia	**sand**	sænd
salvagente (*a ciambella*)	**life belt / life buoy / (*Am*) life preserver**	'laif belt / 'laif bəi / 'laif prə'zəvə
scogliera	**rocks**	roks
scogliera (*in acqua*)	**reef**	rif
scogliera (*strapiombo*)	**cliff**	klif
scoglio	**rock**	rok
sedia a sdraio	**beach chair**	'bic ceə
spiaggia	**beach**	bic
sub	**skin diver / scuba diver**	'skin daivə / 'skubə daivə
surf	**surfing**	'səfin
timone	**rudder**	'radə
vela	**sail / sailing**	seil / 'seilin
vento	**wind**	uind
windsurf	**windsurfing**	'uindsəfin

The red flag indicates danger ðə 'ræd flæg 'indikeitz 'deinʤə	La bandiera rossa segnala pericolo

No swimming nou 'suimin — Divieto di balneazione

Io non so nuotare — **I can't swim** ai 'kant 'suim

So solo stare a galla — **I can just float** ai kæn 'ʤast 'flout

È possibile fare immersioni? — **Can you go diving here?** kæn iu ˌgou 'daivin 'hiə

Yes, but not with air tanks 'ies bat not uið 'eə tænks — Sì, ma senza bombole d'ossigeno

Do you have scuba lessons with qualified instructors? du iu hæv 'skubə 'lesənz uið 'kuolifaid in'straktəz — Ci sono corsi per sub con istruttori

Vorrei noleggiare una barca — **I'd like to hire a boat** aid ˌlaik tə 'hai ə 'bout

A motor or rowing boat? ə 'moutər o 'rouin bout — A motore o a remi?

A che ora si ha la bassa marea? — **At what time is low tide?** ət uot taim iz 'lou ˌtaid

MECCANICO, ELETTRAUTO

accensione	**ignition**	ig'niʃn
albero di trasmissione	**propshaft / (*Am*) drive shaft**	'propʃæft / 'draiv ʃæft
alimentazione	**fuel system**	'fiuəl 'sistəm
alternatore	**alternator**	'oltəˌneitə
ammortizzatore	**shock absorber**	'ʃok əb'zobə
autofficina	**repair shop / garage**	ri'peə ʃop / 'gəraj
avviamento	**starting / start**	'statin / stat
batteria	**battery**	'bætəri
biella	**con(necting)-rod**	kə'nektin rod
bronzina	**bearing**	'bərin

bullone	**bolt**	boult
cambio	**transmission / gearbox**	tranz'miʃən / 'giəboks
camera d'aria	**inner tube**	'innə tiub
candela	**sparkplug**	'spakplag
carburatore	**carburettor / (*Am*) carburetor**	ˌkabə'retə
carro attrezzi	**tow truck**	'tou trak
carrozzeria	**body shop**	'bodi ʃop
catena	**chain**	cein
cavo / cavetto	**cable**	'keibəl
cerchione	**wheel rim**	'uil rim
cilindro	**cylinder**	'silində
cinghia	**belt**	belt
circuito idraulico	**hydraulic circuit**	hai'drolik 'səkit
dei freni	**brake circuit**	'breik 'səkit
elettrico	**electric circuit**	i'lektrik 'səkit
collettore	**manifold**	'mænifould
cric	**jack**	ʤæk
differenziale	**differential**	ˌdifə'renʃl
elettrauto	**auto electrician**	'otou iˌlek'triʃn
fasce elastiche	**piston rings**	'pistən ringz
freni	**brakes**	breiks
frizione	**clutch**	klac
guarnizione	**gasket**	'gaskət
iniettore	**injector**	in'ʤektə
lubrificazione	**lubrication**	ˌlubri'keiʃn
manicotto	**collar**	'kolə
marcia	**gear**	giə
marmitta	**silencer / (*Am*) muffler**	'sailənsə / 'maflə
marmitta catalitica	**catalytic converter**	ˌkætə'litik kən'vetə
meccanico	**mechanic**	mə'kænik
molla	**spring**	sprin
motore	**engine / (*Am*) motor**	'enʤin / 'moutə
motorino d'avviamento	**starter (motor)**	'statə moutə
pezzo di ricambio	**spare part**	'speə pat
pistone	**piston**	'pistən

pneumatico	**tyre / (*Am*) tire**	'taiə
pompa dell'acqua	**water pump**	'uotə pamp
del carburante	**fuel pump**	'fiuəl 'pamp
dell'olio	**oil pump**	'oil pamp
puntine	**points**	points
radiatore	**radiator**	reidi'eitə
raffreddato ad acqua	**water-cooled**	'uotə 'kuld
raffreddato ad aria	**air-cooled**	'eə 'kuld
retromarcia	**reverse gear**	ri'vəs giə
riparazione	**repairs**	ri'peəz
ruota	**wheel**	uil
scarico	**exhaust**	ig'zost
semiasse	**axle shaft**	'æksl ʃæft
serbatoio	**fuel tank**	'fiuəl tænk
servofreno	**power brake**	'pauə breik
servosterzo	**power steering**	'pauə 'stirin
sospensione	**suspension**	sə'spenʃn
spinterogeno	**(ignition) distributor**	ig'niʃn di'stribiutə
sterzo	**steering / steering wheel**	'stirin / 'stirin 'uil
tappo	**cap**	kæp
termostato	**thermostat**	'θəməstæt
testata	**head / header**	hed / 'hedə
valvola	**valve**	valv
ventilatore	**fan**	fæn
volano	**flywheel**	'flaiuil

Qual è il numero del soccorso stradale?	**What's the road assistance phone number, please?** 'uots ðə 'roud ə'sistəns 'foun 'nambə pliz
La macchina si trova al km 45 dell'autostrada	**My car's stopped on the highway at km number 45** mai 'kaz 'stopt on ðə 'haiuei ət ki'lomitə 'nambə 'foti faiv
La mia macchina non parte	**The car doesn't start** ðə 'ka dazənt 'stat
Il motore si è surriscaldato	**The engine has overheated** ði 'enʤin iz ˌouvə'hitid

Si sente uno strano rumore	**It's making a strange noise** its 'meikin ə 'streinʤ noiz
Non funzionano i freni	**The brakes don't work** ðə 'breiks dount 'uek
Il serbatoio perde	**The tank is leaking** ðə 'tænk iz 'likin
Si accende la spia dell'olio	**The oil light is on** ði 'oil 'lait iz on
Non si apre il bagagliaio	**The boot / trunk doesn't open** ðə 'but / 'trank daznt 'oupən
La frizione è dura	**The clutch sticks** ðə 'klac 'stiks
Il minimo va regolato	**The idle speed needs adjusting** ði 'aidl spid ˌnidz ə'ʤastin

Come back in half an hour kam 'bæk in ˌhaf ən 'auə	Torni fra mezz'ora

Mi può fare un preventivo della spesa?	**Could you give me an estimate?** kud iu 'giv mi ən 'estimət
Avete ricambi originali?	**Do you have original spare parts?** du iu hæv ə'riʤinəl 'speə pats
Quanto tempo ci vuole per ripararla?	**How long will it take to fix it?** hau 'lon uil it 'teik tu 'fix it

You'll have to leave it for a couple of days iul hæf tu 'liv it for ə 'kapl əv 'deiz	Deve lasciarmela per un paio di giorni

Posso avere una fattura dettagliata?	**Could you give me a detailed invoice?** kud iu 'giv mi ə di'teild 'invois

MEDICO, PRONTO SOCCORSO

acidità (*di stomaco*)	**acid indigestion / acidity**	'æsid indi'ʤestʃn / ə'siditi
ambulanza	**ambulance**	
ambulatorio (*di medico*)	**surgery / (*Am*) doctor's office**	'æmbiələns 'seʤəri / 'doktəz 'ofis
ambulatorio (*di ospedale*)	**out-patient's department / clinic**	'autpeiʃntz di'patmənt / 'klinik
amputazione	**amputation**	ˌæmpiu'teiʃn
anemia	**anemia**	ə'nimiə
anestesia	**anaesthetic**	ˌænəs'θetik
locale	**local anaesthetic**	' loukl, ænəs'θetik
totale / generale	**general anaesthetic**	'ʤenrəl ˌænəs'θetik
antitetanica	**tetanus injection**	'tetənəs in'ʤekʃn
ascesso	**abscess**	'æbses
asma	**asthma**	'æsmə
bendaggio	**bandage**	'bændəʤ
brividi	**shivers**	'ʃivəz
bruciore	**burning sensation**	'bənin sen'seiʃn
capogiro	**dizzy spell**	'dizi 'spel
casa di cura privata	**nursing home**	'nesin 'houm
catarro	**catarrh**	kə'ta
cisti	**cyst**	sist
clinica privata	**private clinic / private hospital**	'praivət 'klinik / 'praivət 'hospitl
colica renale	**kidney colic / renal colic**	'kidni kolik / 'rinəl kolik
collasso	**collapse**	kə'læps
coma	**coma**	'koumə
commozione cerebrale	**concussion**	kən'kaʃn
congelamento	**frost bite**	'frost bait
congestione	**congestion**	kən'ʤestiən
controllo	**check**	cek
contusione	**bruise**	bruz

convulsioni	**convulsions**	kən'valʃənz
crampo	**cramp**	kræmp
crisi di nervi	**nervous breakdown**	'nevəs ˌbreik'daun
crisi epilettica	**epileptic fit**	ˌepi'leptik 'fit
diarrea	**diarrhoea**	daiə'riə
dissenteria	**dysentery**	'disəntri
distorsione	**sprain**	'sprein
dolore	**pain**	pein
ecografia	**ultrasound scan**	'altrəsound skæn
eczema	**eczema**	'eksimə
elettrocardiogramma	**ECG**	'i si ʤi
elettroencefalogramma	**EEG**	'i i ʤi
ematoma	**bruise / haematoma**	bruz / heimə'toumə
emicrania	**migraine**	'maigrein
emorragia	**bleeding / hemorrage**	' blidin / 'hemərіʤ
endoscopia	**endoscopy**	en'dəskopi
enteroclisma	**enema**	'enəmə
erpes	**herpes**	'həpəz
esame del sangue	**blood test**	blad test
esame delle urine	**urine analysis**	'iurin ə'næləsis
esame delle feci	**stool analysis**	'stul ə'næləsis
escoriazione	**graze**	greiz
fasciatura	**bandaging**	'bændəʤin
febbre	**fever**	'fivə
ferita	**wound**	uund
fibroma	**fibroma**	fi'bromə
flebo (clisi)	**drip**	drip
frattura	**fracture**	'frækcə
graffio	**scratch**	skræc
impacco	**compress**	'kompres
indigestione	**indigestion**	ˌindi'ʤescən
infarto	**heart attack**	'hat əˌtæk
ingessatura	**plaster (cast)**	'plastə kast
iniezione	**injection**	in'ʤekʃn
endovenosa	**intravenous**	intrə'vinəs
intramuscolare	**intramuscular**	intrə'maskiələ
sottocutanea	**hypodermic**	ˌhaipə'demik
insolazione	**sunstroke**	'sanstrouk

intossicazione	**poisoning**	'poizənin
lesione	**lesion**	'li̲jən
lussazione	**dislocation**	ˌdislə'keiʃn
malattie veneree	**VD / venereal diseases**	'vi̲ 'di̲ / və'neəriəl di'zi̲ziz
male	**pain / ache / sore**	'pein / eik / so̲
a…	**pain in…**	'pein in…
di denti	**toothache**	'tu̲θeik
di gola	**sore throat**	'so̲ θrout
di pancia	**stomachache**	'staməkeik
di schiena	**backache**	'bækeik
di stomaco	**stomachache**	'staməkeik
di testa	**headache**	'hedeik
d'orecchi	**earache**	'iəreik
medicazione	**dressing**	'dresin
medicinale	**medicine / drug**	'medsin / drag
medico	**doctor**	'doktə
mestruazioni	**period / menstruation**	'pi̲riəd / ˌmenstru'eiʃn
morsicatura	**bite**	bait
nausea	**nausea**	'no̲ziə
nevralgia	**neuralgia**	niu'rælʤə
orticaria	**rash**	ræʃ
ospedale pubblico	**hospital**	'hospitəl
palpitazioni	**palpitations**	ˌpælpit'eiʃns
paralisi	**paralysis**	pə'ræləsis
per bocca (*per via orale*)	**by mouth / orally**	'bai 'mauθ
pressione (*arteriosa*)	**blood pressure**	'blad 'preʃə
alta	**high blood pressure**	ˌhai 'blad 'preʃə
bassa	**low blood pressure**	lou 'blad 'preʃə
pronto soccorso (*ospedale*)	**accident and emergency (*Am and E*)**	'æksidənt ənd i'me̲ʤənsi 'ɛi ənd 'i̲
prurito	**itch**	ic
puntura d'insetto	**sting**	stin
pus	**pus**	pas
radiografia	**x-ray**	'eks rei
ricetta	**prescription**	pri'skripʃn
riduzione (*di frattura, lussazione*)	**reduction**	ri'dacʃən

risonanza magnetica RMN	**magnetic resonance imaging (MRI)**	mæg'netik 'rezənəns 'imiʤin 'em ar 'ai
scottatura	**scald**	skold
servizio sanitario pubblico (in GB)	**National Health Service (NHS)**	''næʃnəl helθ 'sevis ˌen eic 'es
servizio sanitario pubblico (in USA)	**Medicaid**	'medikeid
shock	**shock**	ʃok
shock anafilattico	**anaphylactic shock**	anafi'læktik ʃok
slogatura	**sprain**	'sprein
soffocamento	**choking / suffocation**	'coukin / safə'keiʃn
starnuto	**sneeze**	sniz
stitichezza	**constipation**	konsti'peiʃn
strappo muscolare	**pulled muscle**	'puld 'masl
sudorazione	**perspiration / sweat**	ˌpespə'reiʃn / 'suet
svenimento	**fainting**	'feintin
tosse	**cough**	'kof
trauma	**trauma**	'traumə
trauma cranico	**head injury**	'hed inʤəri
trazione	**traction**	'trækʃn
trombosi	**thrombosis**	θrom'bousiz
tumore	**tumor**	'tumə
ulcera	**ulcer**	'alsə
ustione	**burn**	bən
vaccinazione	**vaccination**	ˌvæksi'neiʃn
versamento	**effusion**	ə'fiujən
vertigini	**vertigo**	'vətigou
vomito	**vomiting**	'vomitin

malattie

AIDS	**AIDS**	'ei'ai'di'es
allergia	**allergy**	'æləʤi
appendicite	**appendicitis**	ˌəpendi'saitis
artrite	**arthritis**	a'θraitis
bronchite	**bronchitis**	bron'kaitis
cancro	**cancer**	'kænsə
cardiopatia	**heart disease**	'hat di'ziz
cistite	**cystitis**	sis'taitis

colera	**cholera**	'kolərə
colite	**colitis**	kə'laitis
congiuntivite	**conjunctivitis**	kən,ʤanktiv'aitis
diabete	**diabetes**	daiə'bitiz
difterite	**diphtheria**	dif'θiəriə
emorroidi	**piles / hemorroids**	'pailz / 'hemərοidz
epatite	**hepatitis**	hepə'taitis
ernia	**hernia**	'həniə
febbre gialla	**yellow fever**	'ielou 'fivə
gastrite	**gastritis**	gæs'traitis
infezione	**infection**	in'fekʃən
influenza	**flu**	flu
laringite	**laryngitis**	,lærin'ʤaitis
malaria	**malaria**	mə'leəriə
morbillo	**measles**	'mizəlz
nefrite	**nephritis**	nə'fraitis
orecchioni / parotite	**mumps**	mamps
otite	**ear infection otitis**	ot'aitis
peritonite	**peritonitis**	,peritən'aitis
pleurite	**pleurisy**	'pluərəsi
polmonite	**pneumonia**	niu'mouniə
raffreddore	**cold**	kould
reumatismo	**rheumatism**	'rumətizəm
rosolia	**German measles / rubella**	ʤemən 'mizəlz / ru'belə
scarlattina	**scarlet fever**	'skalet 'fivə
sifilide	**syphilis**	'sifəlis
TBC / tubercolosi	**TB / tuberculosis**	'ti 'bi / tiu,bekiu'lousis
tetano	**tetanus**	'tetənəs
tifo	**typhoid**	'taifoid
tonsillite	**tonsillitis**	tonsi'laitəs
vaiolo	**smallpox**	'smolpoks

medici specialisti		
allergologo	**allergist**	'æləʤist
cardiologo	**cardiologist**	ˌkadi'oləʤist
dentista	**dentist**	'dentist
dermatologo	**dermatologist**	dəmə'toləʤist
ginecologo	**gynecologist**	ˌgainə'koləʤist
neurologo	**neurologist**	niuə'roləʤist
oculista	**eye specialist**	'ai 'speʃialist
oncologo	**oncologist**	on'koloʤist
ortopedico	**orthopedic surgeon**	oθə'pidik 'səʤən
otorino-laringoiatra	**ear, nose and throat specialist**	'iə nouz ənd θrout 'speʃəlist
pediatra	**paediatrician / (*Am*) pediatrician**	ˌpidiə'triʃn
psichiatra	**psychiatrist**	sai'kaiətrist
psicologo	**psychologist**	sai'koləʤist
reumatologo	**rheumathologist**	ˌriumə'θoləʤist

Mi sento male	**I feel sick** ai 'fil 'sik
Si può trovare un medico che parli italiano?	**Is there a doctor who speaks Italian?** iz ðeə ə 'doktə hu 'spiks i'tæliən
Il medico può venire a visitare qui?	**Does the doctor do home visits?** daz ðə 'doktə du 'houm 'vizitz
Chiamate un'ambulanza	**Call an ambulance** 'kol ən 'æmbiələns
Sono caduto	**I fell** ai 'fel
Ho battuto la testa	**I hit my head** ai 'hit mai 'hed
Ho preso una scossa elettrica	**I got an electric shock** ai 'got ən i'lektrik 'ʃok
Mi sono ustionato	**I was burned** ai uoz 'bənd
Mi sono tagliato	**I cut myself** ai 'kat mai'self
Un serpente mi ha morso	**A snake bit me** ə 'sneik 'bit mi

Mi ha punto un insetto	**I was stung by an insect** ai uoz 'stan bai ən 'insekt
Mi è entrato qualcosa nell'occhio	**I got something in my eye** ai got 'samθin in mai 'ai
Ho preso troppo sole	**I got too much sun** ai got 'tu ˌmac 'san
Ho 39 di febbre	**I have a temperature of 39** ai hæv ə 'temprəcə əv 'θəti'nain
Mi fa male…	**My… hurts** mai 'həts
Ho mal di testa	**I have a headache** ai həv ə hed'eik
Mi gira la testa	**I'm dizzy** aim 'dizi
Ho i brividi	**I've got shivers** aiv got ʃivəz
Ho i crampi	**I have cramps** aiv 'kræmps
Ho appena vomitato	**I just vomited** ai ʤast 'vomitəd
Ho un'infiammazione a…	**I have an inflamed…** ai həv ən in'fleimd
Faccio fatica a respirare	**I find it difficult to breathe** ai 'faind it 'difikəlt tu brið
Ho perso molto sangue	**I've lost a lot of blood** aiv 'lost ə ˌlot əv 'blad
Il mio gruppo sanguigno è… positivo / negativo	**My blood type is… positive / negative** mai 'blad 'taip iz 'pozitiv / 'negətiv
Ho le doglie	**I have the contractions** ai hæv ðə kən'trækʃnz
Non riesco a dormire	**I can't sleep** ai kant 'slip
Sono allergico a…	**I'm allergic to…** aim ə'ləʤik tuʤ
Sono incinta di sei mesi	**I'm six months pregnant** aim ˌsiks 'manθs 'pregnənt
Posso contagiare qualcuno?	**Am I contagious?** am ai kən'teiʤəs
Potrebbe avvertire la mia famiglia?	**Can you tell my family?** kæn iu 'tel mai 'fæmli

Posso continuare il viaggio?	**Can I continue my trip?** kæn ai kən'tiniu mai 'trip
È svenuto	**He fainted** hi 'feintəd
È caduto	**He fell** hi 'fel
È stato investito	**He was hit by a…** hi uoz 'hit bai ə
È stato folgorato	**He got an electric shock** hi 'got ən iˌlektrik 'ʃok
Sta per partorire	**She's about to give birth** ʃiz ə'baut tu giv 'bəθ

Lie down on the bed lai daun on ðə bed	Si stenda sul lettino
Undress an'dres	Si spogli
Does it hurt here? daz it 'hət 'hiə	Le fa male qui?
How long has it hurt? hau 'lon hæz it 'hət	Da quanto tempo avverte il dolore?
What did you eat? 'uot did iu 'it	Che cosa ha mangiato?
Breathe deeply 'brið 'dipli	Respiri profondamente
Cough kof	Tossisca
Don't worry, it's nothing serious 'dount 'uari its 'naθin 'siriəs	Non si preoccupi, non è niente di grave
We'll have to perform a minor operation uil 'hæv tu pə 'fom ə 'mainə ˌopə'reiʃn	Dobbiamo fare un piccolo intervento
You'll need to have some stitches iul 'nid tə ˌhæv sam 'sticiz	Le devo dare dei punti di sutura
Come back in three days for… kam 'bæk in 'θri 'deiz tə fə ʒ	Torni fra tre giorni per…
We have to take out the stitches ui ˌhæf tu 'teik aut ðə 'sticiz	Dobbiamo togliere i punti
You'll have to stay in bed for a few days iul ˌhæf tə 'stei in 'bed fər ə 'fiu 'deiz	Deve rimanere a letto per qualche giorno
Take this twice a day for four days 'teik ˌðis 'tuais ə 'dei fə 'fo ˌdeiz	Prenda questo due volte al giorno per quattro giorni

on an empty stomach on ən 'empti sta'mək	a digiuno
before meals bə'fo 'milz	prima dei pasti
after meals 'aftə 'milz	dopo i pasti
I'll prescribe an antibiotic ail prə'skraib ən ˌæntibai'otik	Le prescrivo un antibiotico
I'm referring you to a specialist aim ri'ferin iu tu ə 'speʃəlist	La mando da uno specialista
Don't eat for... ˌdount 'it for...	Stia a digiuno per...
Eat unseasoned food 'it an'sizənd 'fud	Mangi in bianco
You'll have to give a blood sample iul hæf tə giv ə 'blad 'sæmpəl	Deve fare un prelievo del sangue
I'm going to give you an injection aim goin to 'giv iu ən in'ʤekʃn	Le faccio un'iniezione
You must be admitted to hospital iul mast bi əd'mited tu 'hospitəl	Devo ricoverarla in ospedale
This is / is not a contagious disease ðiz iz / iz not ə kən'teiʤəs di'sis	La malattia è / non è contagiosa
Do you have medical insurance? du iu hæv 'medikəl in'ʃiurans	Ha un'assicurazione?
There is / there is not a reciprocal agreement with our countries ðeə iz / ðeə iz not ə rəsi'prəkal ə'grimənt bi'tuin ouə 'kantriz	Con il suo paese abbiamo / non abbiamo una convenzione

METROPOLITANA

Dov'è la stazione della metropolitana?	**Where's the underground / (*Am*) subway station?** ueəz ði ˌandə'graund / 'sabuei 'steiʃən
Ha una cartina della metropolitana?	**Do you have a map of the underground?** du iu hæv ə 'mæp əv ði ˌandə'graund

Che linea si prende per andare a...?	**Which line should I take to go to...?** uic 'lain ʃud ai taik tu ˌgou tu
Questo treno va a...?	**Does this train go to...?** daz 'ðis ˌtrein 'gou tu

You must get the train in the opposite direction iu 'mast 'get ðə 'trein in ði 'opəsit dir'ekʃən	Deve prendere il treno nella direzione opposta
This train doesn't stop at... ðis 'trein 'dazənt 'stop æt...	Questo treno non ferma a...
The... station is closed for repairs ðəʤ 'steiʃn iz 'klouzd fo ri'peəz	La stazione di... è chiusa per lavori
Do not cross the tracks du 'not 'kros ðə 'træks	Vietato attraversare i binari
The ticket must be validated on your way in ðə 'tikit 'mast bi væli'deitəd on io 'wei 'in	Il biglietto deve essere timbrato all'entrata
Keep your ticket until you leave the station 'kip io 'tiket an'til iu 'liv ðə 'steiʃən	Conservare il biglietto fino all'uscita

MEZZI PUBBLICI URBANI

autobus	**bus**	bas
biglietto	**ticket**	'tiket
capolinea	**terminus / end of the line**	'teminəs / 'end əv ðə 'lain
circolare (*linea*)	**circle line**	'sekl 'lain
conducente	**driver**	'draivə
corsa	**route**	rut
fermata	**(regular) stop**	'regiula 'stop
fermata a richiesta facoltativa	**request stop**	ri'kuest 'stop
filobus / filovia	**trolley bus**	tro'li bas

linea	**line**	lain
porta / portiera	**door**	do
posteggio dei taxi	**taxi rank / (*Am*) taxi stand**	'tæksi 'rænk / 'tæksi stænd
posto	**seat**	sit
pullman	**coach**	kouc
radiotaxi	**radio taxi**	'rædio tæksi
sedile	**seat**	sit
tariffa urbana	**regular fare**	'regiulə feə
festiva	**holiday fare**	'holidei feə
notturna	**night-time fare**	'nait taim ˌfeə
tassametro	**taximetre**	'tæksi'mitə
taxi	**taxi / taxicab / cab**	'tæksi / tæksi'kæb / kæb
tessera	**card / pass**	kad / pas
timbrare (*biglietto*)	**validate**	væli'deit
tram	**tram / (*Am*) street car**	træm / 'strit ka
vettura (*automobile*)	**car**	ka
vettura (*treno / metropolitana*)	**carriage**	'kæriʧ

MISURE

peso lordo	**gross weight**	'grous ueit
peso netto	**net weight**	'net ueit
tara	**tare**	teə
grammo	**gram / gramme**	græm
ettogrammo	**hectogram / hectogramme**	'hektəgræm
chilogrammo	**kilogram / kilogramme**	'kiləgræm
quintale	**quintal**	'kuintəl
tonnellata	**ton**	tan
decigrammo	**decigram / decigramme**	'desigræm

milligrammo	**milligram / milligramme**	'miligræm
litro	**litre / (*Am*) liter**	'litə
mezzo litro	**half litre**	'haf litə
decilitro	**decilitre**	'desilitə
metro	**metre / (*Am*) meter**	'mitə
centimetro	**centimetre**	senti'mitə
millimetro	**millimetre**	mili'mitə
chilometro	**kilometre**	'kilə,mitə
metro quadrato	**square metre**	'skueə mitə
metro cubo	**cubic metre**	'kiubik mitə
ara	**are**	a
ettaro	**hectare**	'hekteə
miglio terrestre	**mile**	mail
miglio marino	**nautical mile**	'notikəl mail
nodo	**knot**	not
libbra	**pound**	paund
oncia	**ounce**	auns
gallone	**gallon**	'gælən
pinta	**pint**	paint
pollice	**inch**	inc
piede	**foot**	fut
yarda	**yard**	iad
acro	**acre**	'eikə

Quanto pesa?	**How much does it weigh?** hau 'mac daz it 'uei
Quanto contiene?	**How much does it contain?** hau 'mac daz it kən'tein
Quanto è lungo?	**How long is it?** hau 'lon iz 'it
Quanto è distante?	**How far is it?** hau 'fa iz 'it

MUSEO, GALLERIA, MOSTRA

acquaforte	**etching**	'ecin
acquatinta	**aquatint**	'əkuatint
acquerello	**water colour**	'uotə kalə
acrilico	**acrylic**	ə'krilik
affresco	**fresco**	'freskou
arazzo	**tapestry**	'tæpəstri
armatura	**armour**	'amə
arte	**art**	at
artigianato	**crafts**	'kraftz
autoritratto	**self portrait**	ˌself 'potrət
bassorilievo	**bas-relief**	ˌba rə'lif
bozzetto	**sketch**	skec
busto	**bust**	bast
cammeo	**cameo**	'kæmiou
capolavoro	**masterpiece**	'mastəpis
carboncino	**charcoal**	'cakoul
catalogo	**catalogue**	'kætəlog
collezione	**collection**	kə'lekʃən
copia	**copy**	'kopi
cornice	**frame**	freim
dipinto	**painting**	'peintin
disegno	**drawing**	'droin
epoca	**period**	'piəriəd
esposizione	**exhibition**	eksi'biʃn
fregio	**frieze**	friz
graffito	**graffiti**	græ'fiti
icona	**icon**	'aikon
incisione	**engraving**	'kavin
intaglio	**carving**	ən'greivin
intarsio	**inlay**	'inlei
litografia	**lithograph**	'liθəgræf
maiolica	**majolica**	mə'ɠolikə
medaglia	**medal**	'medəl
miniatura	**miniature**	'miniəcə

mobile	**furniture**	'fənicə
moneta	**coin**	'kəin
mosaico	**mosaic**	mou'zeiik
mostra	**show / exhibition**	ʃou / eksi'biʃn
mummia	**mummy**	'mami
natura morta	**still life**	'stil laif
numismatica	**numismatics / coins**	ˌniumiz'mætiks / koinz
opera d'arte	**work of art**	'uək əv at
paesaggio	**landscape**	'lændskeip
pala	**altar piece**	'oltə pis
pastello	**pastel**	'pæstəl
pittura	**painting**	'peintin
polittico	**polyptych**	po'liptik
quadro	**painting**	'peintin
restauro	**restoration**	restə'reiʃn
rilievo	**relief**	ri'lif
riproduzione	**reproduction / copy**	riprə'dakʃn / kopi
ritratto	**portrait**	'potrit
sarcofago	**sarcophagus**	sə'kofəgəs
schizzo	**sketch**	skec
scultura	**sculpture**	'skalpcə
serigrafia	**silk screen print**	ˌsilk skrin 'print
stampa	**print**	print
tavola (*dipinto su legno*)	**panel**	'pænl
tavola (*illustrazione*)	**plate**	pleit
tela	**canvas**	'kænvəs
tempera	**tempera**	'tempərə
vaso	**vase / urn**	vaz / ən
xilografia	**xylograph**	'zilograf

Taking photographs is not allowed 'teikın 'foutəgrafs iz not ə'laud	È vietato fotografare
No flash photography 'nou 'flæʃ fə'togrəfi	Vietato fotografare col flash

Do not touch the exhibits du not 'tac ðə ig'zibitz	Vietato toccare le opere
This work is being restored ðis 'uək iz biin ri'stod	Opera in restauro
Museum closed for restoration 'miu'ziəm 'klouzd fo ˌrestə'reiʃn	Museo chiuso per restauri
Rooms not open to the public 'rumz not 'oupən tə ðə 'pablik	Sale non aperte al pubblico

Qual è il giorno di chiusura?	**What day is it closed?** uot 'dei iz it 'klouzd

The exhibition has been extended until... ði eks'ibitʃn hæz bin iks'tendəd an'til	La mostra è stata prorogata fino al...

Ci sono visite guidate in italiano?	**Do you have guided tours in Italian?** du iu hæv 'gaidəd tuəz in i'tæliən
Ha un catalogo in italiano?	**Do you have a catalogue in Italian?** du iu hæv ə 'kætəlog in i'tæliən
C'è una guida su cassetta / un'audioguida?	**Do you have audio guides?** du iu hæv 'odiou 'gaidz
È possibile visitare...?	**Can you visit the... ?** kæn iu 'vizit ðə...
Dov'è la sezione di pittura fiamminga?	**Where's the section on Flemish painting?** 'ueəz ðə 'sekʃən on 'flemiʃ 'peintin
Dov'è la sala di Rubens?	**Where's the Rubens room?** 'ueəz ðə 'rubənz rum

Painting attributed to Titian 'peintin ə'tribiutid tə 'tiʃən	Opera attribuita a Tiziano

C'è una libreria con souvenir?	**Do you have a souvenir and book shop?** du iu hæv ə ˌsuvə'niə ənd 'buk ʃop

The museum closes in thirty minutes ðə miu'ziəm 'kləuzəz in 'θəti 'minits	Il museo chiude fra 30 minuti

Visitors are asked to leave the museum 'vizitəz ar 'askt tə liv ðə miu'ziəm	I visitatori sono pregati di avviarsi all'uscita

NAVE, TRAGHETTO: LE PAROLE

aliscafo	**hydrofoil**	'haidrəˌfoil
attracco	**dock**	dok
banchina	**quay**	ki
battello	**boat**	'bout
cabina	**cabin**	'kæbin
compagnia di navigazione	**shipping line**	'ʃipin 'lain
giubbotto di salvataggio	**life jacket**	'laif ʤækit
hovercraft	**hovercraft**	'hovəkraft
imbarco	**boarding**	'bodin
lancia di salvataggio	**lifeboat**	laif'bout
molo	**pier**	piə
motoscafo	**motorboat**	'moutəˌbout
nave	**ship**	ʃip
navigazione	**navigation**	nævi'geiʃn
oblò	**porthole**	'pothoul
ormeggio	**mooring**	'moorin
ponte	**deck**	dek
porto	**port**	pot
salvagente	**life belt**	laif'belt
salvagente (*ciambella*)	**life ring**	'laif
sbarco	**landing**	'lændin
scialuppa	**lifeboat**	laif'bout
sirena	**horn**	'hon
traghetto	**ferry**	'feri
traversata	**crossing**	'krosin

NAVE, TRAGHETTO: PARTENZA

Da dove partono i traghetti per…?	**Where do the ferries to… leave from?** ueə du ðə 'feriz tuȝ liv from
C'è una biglietteria della compagnia?	**Does the company have a ticket office?** daz ðə 'kampəni hæv ə 'tiket 'ofis
Vorrei l'orario e le tariffe dei traghetti per…	**I'd like the timetable and fares for ferries to...** aid 'laik ðə taim'teibl ənd 'feəz fo 'feriz tuȝ
Quanto dura la traversata?	**How long does the crossing last?** hau 'lon daz ðə 'krosin last
Quanto costa il biglietto in cabina doppia?	**How much is it for a double cabin?** hau 'mac iz it fo ə 'dabəl 'kæbin
Quanto costa il biglietto in passaggio ponte?	**How much is it on deck?** hau 'mac iz it on 'dek
Vorrei prenotare un posto sul traghetto delle… per…	**I'd like to book a place on the… ferry to… at…** aid 'laik tə 'buk ə 'pleis ən ðə ȝ'feri tuȝ
A che ora inizia l'imbarco?	**At what time is the boarding?** at uot 'taim iz ðə 'bodin
C'è il ristorante a bordo?	**Is there a restaurant on board?** iz ðeər ə 'restəront on 'bod

NAVE, TRAGHETTO: VIAGGIO

Dov'è la cabina numero 22?	**Where's cabin number 22?** ˌueəz 'kæbin ˌ 'nambə ˌtuenti 'tu

Cerco l'ufficio del commissario di bordo	**I'm looking for the purser's office** aim 'lukin fo ðə 'pəsəz 'ofis
Dove trovo le chiavi della cabina?	**Where do I get the keys to the cabin?** 'ueə du ai 'get ðə kiz tə ðə 'kæbin

Switch off the engine / (*Am*) turn off the motor - and take out the keys 'suic 'of ði 'enʤin / 'tən 'of ðə 'moutə ənd 'teik aut ðə kiz	Spegnere il motore e togliere le chiavi
Leave it in gear and put on the hand brake 'liv it in 'giə ənd put 'on ðə 'hænd breik	Lasciare la marcia inserita e il freno a mano tirato
Do not lock the doors du ˌnot 'lok ðə doz	Non chiudere gli sportelli a chiave
It is forbidden to stay in the car deck during the crossing it iz fə'bidən tu 'stei in ðə 'ka dek 'diuərin ðə 'krosin	Vietato sostare nel garage durante la traversata

Questa poltrona è già occupata	**This chair is already taken** ðis 'ceə iz əl'redi 'teikn
Ho il mal di mare	**I'm sea sick** aim 'si sik

Man overboard! 'mæn 'ouvəbod	Uomo in mare!
Lifeboat drill 'laif bot dril	Esercitazione di evacuazione della nave
Attention, there's a fire on board ə'tenʃən ðeəz ə 'faiə on bod	Attenzione, c'è un incendio a bordo
All passengers proceed to the assembly point / to the muster station ol 'pæsənʤəz pro'sid tu ði ə'sembli 'point / tu ðə 'mastə 'steiʃn	Tutti al punto di raccolta
Put on your life jackets put 'on io 'laif ʤækits	Indossate il salvagente
Abandon ship ə'bændən 'ʃip	Abbandonare la nave

NEGOZIO, MERCATO

accessori	**accessories**	ək'sesəris
antiquario	**antique dealer**	æn'tik 'dilə
arredamento	**furniture / furnishings**	'fənicə / 'fəniʃinz
articoli	**goods**	'gudz
da regalo	**gift**	gift
sportivi	**sporting**	'spotin
asta	**auction**	'okʃən
bancarella	**stall**	stol
banco	**counter**	'kauntə
calzature	**shoes**	ʃus
casalinghi	**household goods**	'haushould gudz
cassa	**check out**	'cek aut
cassiere / cassiera	**cashier**	kæ'ʃiə
chiosco	**kiosk**	'kiosk
commesso / commessa	**shop assistant / (*Am*) sales person**	ʃop ə'sistənt / 'seilz pəsən
confezione (*imballaggio*)	**packaging**	'pækiʤin
confezione regalo	**gift pack**	gift pæk
edicola	**bookstall / (*Am*) news stand**	'bukstol / 'niuz stænd
elettrodomestici	**domestic appliances**	də'mestik ə'plaiənsis
erboristeria	**herbalist**	'həbəlist
ferramenta	**hardware store**	'haduea 'sto
fiorista / fioraio	**florist**	'florist
fotografo (*studio fotografico*)	**photographer('s studio)**	fə'togrəfəz 'stiudiou
fotografo (*apparecchi fotografici*)	**photographic equipment**	ˌfouto'græfik i'kuipmənt
gioielleria	**jewellery / jewelry**	ʤuəlri
grande magazzino	**warehouse**	'ueəhaus
libreria	**bookshop**	'bukʃop
mercato	**market**	'makit
merce	**goods**	'gudz

merceria	**haberdashery / (*Am*) notions store**	'hæbædʃəri / 'nouʃnz 'sto
negozio	**shop / store**	ʃop / sto
occasione	**bargain**	'bagən
offerta (speciale)	**special offer**	'speʃəl 'ofə
ottica	**optician**	op'tiʃn
prezzi fissi	**fixed prices**	'fixt praisiz
prezzo	**price**	prais
reparto	**department**	də'patmənt
ricambista	**spare parts**	'spæə patz
rigattiere (*negozio*)	**junk shop**	ʤank ʃop
saldi	**sales**	seilz
scaffale	**shelf**	ʃelf
scala mobile	**escalator**	'eskəleitə
sconto	**discount**	'diskaunt
supermercato	**supermarket**	'supə,makit
tabaccheria	**tobacconist**	tə'bækənist
tessili	**textiles**	'tekstailz
utensileria	**utensils**	iu'tenslz
vendita promozionale	**promotion**	prə'mouʃən
vetrina	**window / store window**	'uindou ,sto

Come right in kam 'rait in	Ingresso libero
Collect your receipt from the till kə'lekt io ri'sit frəm ðə til	Ritirare lo scontrino alla cassa
Help yourselves and pay at the counter help io'selvz ənd 'pei ət ðə 'kauntə	Servitevi da soli e pagate alla cassa
Can I help you? kæn ai 'help iu	Desidera? / Posso aiutarla?

Che orario fa? Qual è il giorno di chiusura?	**What are your opening times? Which day are you closed?** uot a' io oupənin ' uic dei a'iu 'klouzd
Vorrei…	**I'd like…** aid 'laik ɮ
Vorrei dare un'occhiata	**I'd like to look around…** aid ,laik tu 'luk əraund

Vorrei vedere quella... in vetrina	**I'd like to see that... in the window** aid ˌlaik tu 'si ðætʒ in ðə 'uindou
It's not for sale its ˌnot fo 'seil	Non è in vendita
Avete altre marche / altri modelli?	**Do you have any other brands / styles?** du iu hæv 'eni 'aðə 'brændz / 'stailz
C'è qualcosa di meno caro?	**Do you have anything cheaper?** du iu hæv 'eniθin 'cipə
We're sold out. It'll arrive in three days ueə 'sould 'aut it əl ə'raiv in 'θri 'deiz	È esaurito, arriverà fra tre giorni
Può ordinarlo? Mi occorre entro venerdì	**Could you order it for me, please? I need it for Friday** kud iu 'odər it fə mi pliz 'ai nid it fə 'fraidei
Dove sono i carrelli?	**Where are your trolleys / (*Am*) shopping carts?** 'ueər a io'troliz' / ʃopin kats
Dov'è il reparto casalinghi?	**Where's the household goods department?** 'ueəz ðə 'haushould gudz di'patmənt

NUMERI

0	**zero / nought**	'zirou / not
1	**one**	uan
2	**two**	tu
3	**three**	θri
4	**four**	fo
5	**five**	faiv
6	**six**	siks
7	**seven**	'sevən
8	**eight**	eit
9	**nine**	nain
10	**ten**	ten

11	**eleven**	i'levən
12	**twelve**	tuelv
13	**thirteen**	θə̲'ti̲n
14	**fourteen**	fo̲'ti̲n
15	**fifteen**	fif'ti̲n
16	**sixteen**	siks'ti̲n
17	**seventeen**	sevən'ti̲n
18	**eighteen**	ei'ti̲n
19	**nineteen**	nain'ti̲n
20	**twenty**	'tuenti
21	**twenty-one**	ˌtuenti 'uan
22	**twenty-two**	ˌtuenti 'tu̲
23	**twenty-three**	ˌtuenti 'θri̲
24	**twenty-four**	ˌtuenti 'fo̲
25	**twenty-five**	ˌtuenti 'faiv
26	**twenty-six**	ˌtuenti 'siks
27	**twenty-seven**	ˌtuenti 'sevən
28	**twenty-eight**	ˌtuenti 'eit
29	**twenty-nine**	ˌtuenti 'nain
30	**thirty**	'θə̲ti
40	**forty**	'fo̲ti
50	**fifty**	'fifti
60	**sixty**	'siksti
70	**seventy**	'sevənti
80	**eighty**	'eiti
90	**ninety**	'nainti
100	**one hundred/ a hundred**	uan / ə 'handrəd
101	**one / a hundred and one**	uan / ə 'handrəd ənd 'uan
102	**one / a hundred and two**	uan / ə 'handrəd ənd 'tu̲
120	**one / a hundred and twenty**	uan / ə 'handrəd ənd 'tuenti
200	**two hundred**	ˌtu̲ 'handrəd
300	**three hundred**	ˌθri̲ 'handrəd
1000	**(1,000) one / a thousand**	ˌuan / ə 'θauzənd
2000	**(2,000) two thousand**	ˌtu̲ 'θauzənd
10.000	**(10,000) ten thousand**	ˌten 'θauzənd
20.000	**(20,000) twenty thousand**	'tuenti 'θauzənd
100.000	**(100,000) one / a hundred thousand**	uan / ə 'handrəd 'θauzənd
1.000.000	**one million**	uan 'miliən
1.000.000.000	**one billion**	uan 'biliən

3,14	**(3.14) three point one four**	'θri point 'uan ˌfo
0,1	**(0.1) zero point one**	'zirou point 'uan
10%	**ten per cent**	'ten pə 'sent
metà	**half**	haf
un quarto	**one / a quarter**	uan / ə 'kuotə
due terzi	**two thirds**	tu 'θədz
quattro quinti	**four fifths**	fo 'fifθs
decina	**about ten**	ə'baut 'ten
dozzina	**a dozen**	ə 'dazən
doppio	**double**	'dabəl
triplo	**triple**	'tripəl
una volta	**once**	uans
due volte	**twice**	tuais
un paio di volte	**a couple of times**	ə 'kapəl əv 'taimz
4 più 3	**four plus three**	'fo plas 'θri
8 meno 2	**eight minus two**	'eit 'mainəs 'tu
2 per 3	**two times three**	'tu taimz 'θri
12 diviso 4	**twelve divided by four**	'tuelv də'vaidəd bai 'fo
primo	**first**	fəst
secondo	**second**	'sekənd
terzo	**third**	θəd
quarto	**fourth**	foθ
quinto	**fifth**	fifθ
sesto	**sixth**	siksθ
settimo	**seventh**	'sevənθ
ottavo	**eighth**	eitθ
nono	**ninth**	nainθ
decimo	**tenth**	tenθ
undicesimo	**eleventh**	i'levənθ
dodicesimo	**twelfth**	tuelθ
tredicesimo	**thirteenth**	θə'tinθ
quattordicesimo	**fourteenth**	fo'tinθ
quindicesimo	**fifteenth**	fif'tinθ
sedicesimo	**sixteenth**	siks'tinθ
diciassettesimo	**seventeenth**	ˌsevən'tinθ
diciottesimo	**eighteenth**	ei'tinθ
diciannovesimo	**nineteenth**	nain'tinθ

ventesimo	**twentieth**	'tuentiəθ
ventunesimo	**twenty-first**	tuenti 'fəst
ventiduesimo	**twenty-second**	tuenti 'sekənd
trentesimo	**thirtieth**	'θətiəθ
quarantesimo	**fortieth**	'fotiəθ
centesimo	**hundredth**	'handrədθ
millesimo	**thousandth**	'θauzənθ
milionesimo	**millionth**	'miliənθ

OCULISTA

astigmatico	**astigmatic**	æˌstig'mætik
cristallino	**lens**	lenz
diottria	**dioptre / (*Am*) diopter**	dai'optə
esame della vista	**eye test**	'ai test
lente	**lens**	'lenz
lente a contatto	**contact lens**	'kontækt ' lenz
miope	**short-sighted**	'ʃot saitədnəs
montatura	**frame**	freim
occhiali (*da vista*)	**(eye) glasses / specs**	'ai 'glasis / speks
occhio	**eye**	'ai
oculista	**eye specialist**	'ai speʃəlist
presbite	**long-sighted / (*Am*) far-sighted**	'lon saitəd / 'fa saitəd
pupilla	**pupil**	'piupl
retina	**retina**	'retinə / ɑm 'retənə
stanghetta	**arm / (*Am*) stem**	am / stem
rifrazione	**refraction**	ri'frækʃn
vista	**eyesight**	'aisait

Mi si è improvvisamente abbassata la vista	**My eyesight suddenly got worse** mai 'aisait 'sadənli got 'uəs
Non ci vedo più bene da questo occhio	**I can't see well in this eye** ai 'kant 'si uel in ðis 'ai

Vedo appannato	**Everything has grown dimmed** 'evriθin hæz groun 'dimd
Vedo sfuocato	**I see everything blurred** ai si 'evriθin 'bləd
Vedo una macchia scura	**I see a dark patch** ai si ə 'dak pæc
Vedo dei lampi di luce	**I see flashing lights** ai si flæʃin laits
Vedo doppio	**I see double** ai si dabl
Porto le lenti a contatto	**I wear contact lenses** ai ueə 'kəntækt lenziz

ORIENTAMENTO, SPAZIO

alto	**up**	ap
attraverso	**across**	a'kros
basso	**down**	daun
centro	**centre / (*Am*) center**	'sentə
cima	**top**	top
davanti	**in front of**	in 'frant ov
destra	**right**	rait
dietro	**behind**	be'haind
diritto	**straight**	'streit
est	**east**	ist
fine	**end**	end
fondo	**bottom / end**	'botəm / end
giù	**down**	daun
inizio	**start**	stat
là	**there**	ðeə
lontano	**far**	fa
meridionale	**southern**	'saðən
nord	**north**	noθ
occidentale	**western**	'uestən
orientale	**eastern**	'istən
ovest	**west**	uest

periferia (*di città*)	**outskirts**	'autskəts
qui	**here**	hiə
settentrionale	**northern**	noðən
sinistra	**left**	left
sopra	**above**	ə'bav
sotto	**below**	bi'lou
su	**up**	ap
sud	**south**	sauθ
verso	**towards**	'touodz
vicino	**near**	niə

Dov'è la via…?	**Where's… street?** ueəz 'strit

Straight on 'streit on	Sempre diritto
At the end of the road ət ðə end ov ðə roud	In fondo alla strada
Turn right / left at the traffic lights tən 'rait / left ət ðə 'træfik 'laits	Giri a destra / sinistra al semaforo
Straight on to the crossroads, then ask again 'streit on tə ðə 'krosroudz ðen ask ə'gen	Continui fino all'incrocio, e lì domandi di nuovo
You have to turn around iu ˌhæf tə 'tən ə'raund	Deve tornare indietro
Do you have a map? du iu 'həv ə 'mæp	Ha una cartina?

Mi può indicare sulla cartina dov'è via…?	**Can you show me... on the map?** kæn iu 'ʃou mi on ðə 'mæp
Devo andare a…	**I have to get to...** 'ai ˌhæf tə 'get tu
Mi può scrivere l'indirizzo?	**Can you please write the address for me?** kæn iu 'pliz 'rait ði ə'dres fo mi
Quant'è lontano a piedi?	**How far is it on foot…?** hau 'fa 'iz it on fut

It's quite far, you'd better take… its 'kuait 'fa iud 'betə 'teikʒ	È piuttosto lontano, conviene prendere…

Italiano	English
Si può andare in macchina a…?	**Can you get to… by car?** kæn iu 'get tu bai ka
It's a traffic-free area, you have to take the bus its ə 'træfik fri 'eəriə iu ˌhæf tə 'teik ðə 'bas	È zona pedonale, bisogna prendere l'autobus
Quanto è distante…?	**How far is it to…?** hau 'far 'iz it tu
Esiste una mappa dei mezzi di trasporto?	**Is there a public transport map?** iz ðeə ə 'pablik ˌtrænspo't ˌmæp

OSTELLO

Italiano	English
Dov'è l'ostello della gioventù?	**Where's the youth hostel?** 'ueəz ðə 'iuθ 'hostl
Sono iscritto all'associazione degli ostelli	**I am a member of the Youth Hostels Association** ai æm ə 'membə ov ði 'iuθ 'hostl ə'sousieʃn
Quanti letti ci sono per stanza?	**How many beds are there per room?** hau 'meni 'bedz a ðeə pə rum
The rooms have four beds ðə 'rumz həv 'fo 'bedz	Le stanze sono a quattro letti
Si può cucinare?	**Are there cooking facilities?** a ˌðeə ˌkukin fə'silətiz
Si può lavare la propria biancheria?	**Are there laundry facilities?** a ˌðeə ˌlondri fə'silətiz
C'è un orario limite per arrivare / uscire / rientrare?	**Are there fixed times for arriving / going out / coming back?** a ˌðeə 'fikst taims fə ə'raivin / 'gouin 'aut / 'kamin 'bæk
Entro che ora bisogna liberare la camera?	**What time do we have to leave the room / (*Am*) What's the check out time?** 'uot 'taim do ui ˌhæv tu liv ðə rum / 'uots ðə 'cek aut 'taim

PARCHEGGIO, SOSTA

carro-attrezzi	**toe truck**	'tou trak
contravvenzione	**fine / ticket**	fain / 'tiket
divieto di fermata	**no waiting**	nou 'ueitin
divieto di sosta	**no parking**	nou 'pa̲kin'
ganasce	**wheel clamps**	'ui̲l 'klæmps
multa	**fine / ticket**	fain / 'tiket
parcheggio	**car park / (*Am*) parking lot**	'ka̲ pa̲k / 'pa̲kin lot
a pagamento	**paying car park**	ˌpein 'ka̲ pa̲k
a tempo	**for a limited time**	for ə 'limitid 'taim
con parchimetro	**parking meter**	'pa̲kin 'mi̲tə
completo	**full**	ful
libero	**free**	fri̲
rimozione forzata	**tow-away zone**	'tou ə'uei 'zoun
sosta	**stopping / waiting**	'stopin / 'ueitin

Si può parcheggiare qui?	**Can you park here?** kæn iu 'pa̲k 'hiə
Dov'è un parcheggio custodito?	**Where's a manned car park?** 'ueəz ə 'mænd 'ka̲ pa̲k

Take the ticket from the machine and display it on your windscreen 'teik ðə 'tikit frəm ðə mə'ʃi̲n ənd dis'plei it on io̲ 'uindskri̲n	Ritirare il biglietto al parchimetro ed esporlo in modo visibile all'interno della vettura
Take the ticket at the barrier and keep it until you leave 'teik ðə 'tikit ət ðə 'bæriə ənd 'ki̲p it an'til iu li̲v	Ritirare il biglietto all'entrata del parcheggio e conservarlo fino all'uscita

PAROLE BASE

Chi?	**Who?**	hu
Come?	**How?**	hau
Cosa?	**What?**	uot
Dove?	**Where?**	ueə
Perché?	**Why?**	uai
Quale?	**Which?**	uic
Quando?	**When?**	uen
Quanti?	**How many?**	hau 'meni
Quanto?	**How much?**	hau 'mac

Che cosa significa...?	**What does... mean?** uot daz '... 'min
Che cosa ha / hai detto?	**What did you say?** ˌuot did iu 'sei
Che cos'è questo?	**What's this?** uots 'ðis
Chi è...?	**Who is...?** 'hu iz '
Dov'è il bagno?	**Where's the bathroom?** 'ueəz ðə 'baθrum
Qual è...?	**Which one is...?** uic 'uan iz '
Ho fretta	**I'm in a hurry** aim in ə 'hari
Ho bisogno di...	**I need...** ai 'nid

PARRUCCHIERE, BARBIERE

baffi	**moustache / (*Am*) mustache**	məst'aʃ
balsamo	**conditioner**	kən'diʃənə
barba	**beard**	biəd
barbiere	**barber**	'babə
basette	**sideboards / sideburns**	'saidbodz / 'saidbənz

bigodini	**curlers / rollers**	'kələz / 'rouləz
capelli	**hair**	heə
normali	**normal**	'nomәl
grassi	**oily**	'oili
secchi	**dry**	'drai
lisci	**straight**	'streit
mossi	**wavy**	'ueivi
ricci	**curly**	'kəli
crespi	**frizzy**	'frizi
casco	**(hood) (hair)-dryer**	hudheə 'draiə
colore	**colouring**	'kalərin
colpi di sole	**highlights**	'hailaits
crema da barba	**shaving cream**	'ʃeivin krim
decolorazione	**bleaching**	'blicin
dopobarba	**aftershave**	'aftəʃeiv
effetto bagnato	**wet look**	'uet luk
fon	**(hair)-dryer**	heə 'draiə
forbici	**scissors**	'sizəz
forfora	**dandruff**	'dændraf
frangia	**fringe / (*Am*) bangs**	frinʤ bænz
frizione	**massage**	mæ'saj
lametta	**blade**	bleid
parrucca	**wig**	uig
parrucchiere	**hairdresser**	'heədresə
da donna	**ladies' hairdresser**	'leidis 'heədresə
da uomo	**gent(lemen)'s hairdresser / barber**	ʤentlmens 'heədresə / babə
pelo	**hair**	heə
permanente	**perm**	pəm
pettinatura	**hairstyle**	'heəstail
(messa in) piega	**shave**	set
messa in piega a fon	**set**	blou 'drai
rasatura	**blow-dry**	ʃeiv
riflessi	**highlights**	'hailaitz
sfumatura	**tapering**	'taipərin
stile	**style**	'stail
taglio	**(hair)cut**	'heəcat
tintura	**colouring / dye**	'kalərin / dai

Devo andare dal parrucchiere	**I need to have my hair done** ai nid tu hæv mai 'heə dan
Vorrei radermi	**I'd like a shave** aid 'laik ə 'ʃeiv
Vorrei lavare e tagliare	**I'd like a wash and cut** aid 'laik ə uoʃ ənd 'kat
Vorrei solo spuntarli	**I'd like just a trim** aid 'laik ʤast ə trim
Vorrei tingerli di rosso	**I 'd like my hair dyed red** aid 'laik mai 'heə daid 'red

Do you want du iu 'uont **any lotion?** 'eni 'louʃn	Desidera una lozione?
some gel sam 'ʤel	un po' di gel?
some hair spray? sam 'heəsprei	un po' di fissatore?

PARTI DEL CORPO

addome	**abdomen**	'æbdəmən
ano	**anus**	'einəs
appendice	**appendix**	ə'pendiks
arteria	**artery**	'atəri
articolazione	**joint**	ʤoint
ascella	**armpit**	'ampit
avambraccio	**forearm**	''fo'am
bacino	**pelvis**	'pelvis
bocca	**mouth**	'mauθ
braccio	**arm**	am
bronchi	**bronchial tubes**	'bronkiəl 'tiubz
capezzolo	**nipple**	'nipl
caviglia	**ankle**	'ankəl
cervello	**brain**	'brein
cistifellea	**gall-bladder**	ˌgol'blædə
clavicola	**collar-bone**	'koləboun
collo	**neck**	nek

colonna vertebrale	**spine / backbone**	'spain / bækboun
corde vocali	**vocal chords**	'voukl 'kodz
corpo	**body**	'bodi
coscia	**thigh**	θai
costola	**rib**	rib
cranio	**skull**	skal
cuore	**heart**	hat
diaframma	**diaphragm**	'daiəfræm
dito (*della mano*)	**finger**	'fingə
dito (*del piede*)	**toe**	tou
esofago	**oesophagus / (*Am*) esophagus**	i'sofəgəs
faringe	**pharynx**	'færinks
fegato	**liver**	'livə
femore	**thighbone / femur**	'θaiboun / 'fimə
fianco	**hip**	hip
fronte	**forehead**	ˌfoəhed
gamba	**leg**	leg
ghiandola	**gland**	glænd
ginocchio	**knee**	ni
glutei	**buttocks**	'batəkz
gola	**throat**	'θrout
gomito	**elbow**	'elbou
guancia	**cheek**	cik
inguine	**groin**	'groin
intestino	**bowel / intestine**	'bauel / in'testin
labbro	**lip**	lip
laringe	**voice box / larynx**	'vois boks / 'lærinks
lingua	**tongue**	tan
mammella / seno	**breast**	brest
mandibola	**mandible**	'mændible
mano	**hand**	hænd
mascella	**jaw**	ʤo
mento	**chin**	cin
milza	**spleen**	splin
muscolo	**muscle**	'masəl
narice	**nostril**	'nostril
naso	**nose**	nouz
nervo	**nerve**	nəv

nuca	**nape**	'neip
occhio	**eye**	ai
ombelico	**navel**	'neivl
orecchio	**ear**	iə
organi genitali	**genitals**	'ɠenitəlz
osso	**bone**	boun
ovaia	**ovary**	'ouvəri
palato	**palate**	'pælət
palpebra	**eyelid**	'ailid
pancia / ventre	**belly / tummy**	'beli / tami
pelle	**skin**	skin
pene	**penis**	'pinis
perone	**fibula**	'fibiulə
petto	**chest**	cest
piede	**foot**	fut
polmoni	**lungs**	lanz
polpaccio	**calf**	kaf
polso	**wrist**	rist
prepuzio	**foreskin**	'foskin
prostata	**prostate**	'prosteit
rene	**kidneys**	'kidniz
rotula	**kneecap**	'nikæp
sangue	**blood**	blad
scapola	**shoulder blade**	'ʃouldə 'bleid
schiena	**back**	bæk
sopracciglio	**eyebrows**	'aibrauz
spalla	**shoulder**	'ʃouldə
sterno	**breastbone**	'brestboun
stomaco	**stomach**	'stamək
tempia	**temple**	''templ
tendine	**tendon**	'tendən
testa	**head**	hed
testicolo	**testicle**	'testikl
tibia	**shin**	ʃin
tonsille	**tonsils**	'tonsilz
trachea	**windpipe**	'uindpaip
utero	**womb / uterus**	'um / 'iutərəs
vagina	**vagina**	və'ɠainə
vena	**vein**	'vein

vertebra	**vertebra**	'vətibrə
vescica	**bladder**	'blædə
viso / faccia	**face**	'feis
vulva	**vulva**	'valvə

PISCINA

accappatoio	**bathrobe**	'baθroub
asciugamano	**towel**	'tauəl
corsia	**lane**	'lein
costume da bagno	**swimming costume / bathing costume / (*Am*) bathing suit**	'suimin 'kəstium / 'beiðin 'kəstium / 'beiðin 'sut
cuffia	**bathing cap**	'beiðin 'kæp
nuoto	**swimming**	'suimin
nuoto sincronizzato	**synchronized swimming**	'sinkrənaizd 'suimin
pallanuoto	**water polo**	'uotə poulou
piattaforma	**divingboard**	'daivinboad
piscina	**swimming pool**	'suimin pul
spogliatoio	**changing room**	'ceinʤin rum
stile libero	**crawl / freestyle**	'krol / fri 'stail
dorso	**backstroke**	'bækstrouk
farfalla	**butterfly**	'batəflai
rana	**breast-stroke**	'brest strouk
trampolino (*elastico*)	**springboard**	'sprinbod
tuffo	**dive**	daiv
vasca	**pool**	pul
virata	**turn**	tən

You need to wear a bathing cap iu 'nid tu 'ueə ə 'beiθin 'kæp	È obbligatorio l'uso della cuffia
Swimmers must take a shower before entering the pool 'suiməz mast teik ə 'ʃauə bifo 'entərin ðə pul	È obbligatorio fare la doccia prima di entrare in piscina

Ci sono gli armadietti chiusi a chiave?	**Are there lockers?** a̲ ðeə 'lokəz
Si possono fare tuffi?	**Can you dive?** kæn iu 'daiv

The water is one and a half meter deep here ðə 'uo̲tə iz 'uan ənd ə 'ha̲f 'mi̲tə 'di̲p hiə	Qui l'acqua è alta un metro e mezzo

C'è anche la piscina per i bambini	**There's a children's pool too** ðeəz ə 'cildrənz ˌpu̲l tu̲
Quante vasche riesci a fare?	**How many lengths can you do?** hau 'meni 'lenθs kæn iu 'du̲
Nuoto solo a farfalla	**I only swim butterfly style** ai 'ounli 'suim 'batəflai 'stail

POSTA

affrancatura	**postage**	poust'iʤ
busta	**envelope**	'envəloup
cartolina	**postcard**	'poustka̲d
codice postale	**postal code / (*Am*) zip code**	'poustl 'koud / 'zip 'koud
colla	**glue**	glu̲
destinatario	**addressee**	ˌædres'i̲
espresso	**express**	iks'pres
fermoposta	**poste restante / (*Am*) general delivery**	ˌpoust 'restont / ˌʤenərəl di'livəri
francobollo	**stamp**	stæmp
lettera	**letter**	'letə
mittente	**sender**	'sendə
numero	**number**	'nambə
pacco	**parcel / package**	'pa̲sl / 'pækiʤ
peso	**weight**	ueit
posta	**post / mail**	poust / meil
raccomandata	**registered letter**	ˌreʤistəd 'letə

spago	**string**	strin
tariffa	**rate**	reit
telegramma	**telegram**	'teləgræm
ufficio postale	**post office**	'poust ofis
vaglia	**money order**	'mani odə

Dove si comprano i francobolli?	**Where can I get stamps?** 'ueə kæn ai 'get 'stæmps
Dov'è un ufficio postale?	**Where is a post office?** 'ueə iz ðə'poust ofis
Vorrei un francobollo per lettera / cartolina	**A stamp for a letter / postcard, please** ə 'stæmp fo ə 'letə / 'poustkad 'pliz

The address isn't complete ði ə'dres izənt kəm'plit	L'indirizzo non è completo

Quanto tempo ci metterà ad arrivare?	**How long will it take for it to arrive?** hau 'lon uil it 'teik fo it tu ə'raiv
C'è posta per me? Sono il sig…	**Is there anything for me? Mister…** is 'ðeə 'eniθin fo mi 'mistə

In town… in'taun	Per la città
Inland 'inlænd	Per il territorio nazionale
Other destinations aðə desti'neiʃəns	Per altre destinazioni
Abroad 'əbrod	Per l'estero

RELIGIONE

adorazione	**worship / adoration**	'ueʃip / ˌædə'reiʃn
angelo	**angel**	'einʤl
anima	**soul**	soul
animismo	**animism**	'ænimism
asceta	**ascetic**	ə'setic

ateismo	**atheism**	'eiθiisəm
battesimo	**baptism**	'bæptizm
bonzo	**Buddhist monk**	'budist mank
buddismo	**Buddhism**	'budizm
buddista	**Buddhist**	'budist
calvinista	**Calvinist**	kælvinist
candela	**candle**	'kændəl
cattolico	**Catholic**	'kæθlik
cerimonia / funzione	**ceremony**	'seremənì
chiesa	**church**	cəc
comunione	**(Holy) Communion**	'houli kə'miuniən
confessione	**confession**	kən'feʃn
confuciano	**Confucianist**	kən'fiuʃiənist
consacrazione	**consecration**	kənsi'kreiʃn
convento	**convent**	'konvent
convertito	**convert**	'konvet
credente	**believer**	bi'livə
cristiano	**Christian**	'kristiən
crocifisso	**crucifix**	'krusəfiks
dea	**goddess**	'godes
demonio	**demon**	'dimən
derviscio	**dervish**	'deviʃ
digiuno	**fast / fasting**	fast / fasting
dio	**god**	god
divinità (*un dio*)	**god**	'hibru
ebreo	**Jewish**	'ʤuiʃ
evangelico	**evangelical**	ivæn'ʤelikl
fachiro	**fakir**	'feikiə
fanatismo	**fanaticism**	fənæ'tisizm
fede	**faith**	feiθ
fondamentalismo	**fundamentalism**	ˌfandə'mentəlizm
frate	**friar**	'friə
imam	**imam**	i'mam
induismo	**Hinduism**	'hinduizm
induista	**Hindu**	'hindu
infedele	**infidel**	'infidəl
iniziazione	**initiation**	iˌniʃi'eiʃn
intolleranza	**intolerance**	in'tolərəns
islam / islamismo	**Islam / Islamism**	'izlam / 'izlamizm

islamico	**Islamic**	'izlæmik
israelita	**Israelite / Jew**	izriə'lait / ʤu
israelitico	**Israelitic / Jewish**	izriə'laitik / 'ʤuiʃ
lama	**lama**	'lama
libro sacro	**holy book**	'houli buk
luterano	**Lutheran**	'luθərən
messa	**mass**	mæs
messale	**mass book / missal**	'mæs buk / 'misəl
miracolo	**miracle**	'mirəkl
misticismo	**mysticism**	'mistisizm
monaca	**nun**	nan
monaco	**monk**	mank
monoteismo	**monotheism**	'monouθiizm
muezzin	**muezzin**	mu'ezin
muftì	**Mufti**	mafti
musulmano	**Muslim**	'muzləm
(cristiano) ortodosso	**Orthodox**	'oθədoks
panteismo	**pantheism**	'pænθiizm
(santo) patrono	**patron (saint)**	'peitrən 'seint
pellegrinaggio	**pilgrimage**	'pilgrimiʤ
politeismo	**polytheism**	'poliθiizm
preghiera	**prayer**	'preə
prete	**priest**	prist
professione (*di fede*)	**profession**	prə'feʃn
protestante	**Protestant**	'protestənt
purificazione	**purification**	piuərifi'keiʃn
rabbino	**rabbi**	'ræbai
religione	**religion**	ri'liʤən
reliquia	**relic**	'relik
rito	**rite**	rait
rivelazione	**revelation**	revə'leiʃn
sacerdote	**priest**	prist
sacramento	**sacrament**	'sækrəmənt
sacrario	**shrine**	'ʃrain
sacrificio	**sacrifice**	'sækrifais
sacro	**holy / sacred**	'houli / 'seikrid
santo	**saint**	'seint
santuario	**sanctuary**	'sænktcuəri
sciita	**Shiite**	ʃi'ait

scintoista	**Shintoist**	ʃin'touist
sinagoga	**synagogue**	'sinəgog
soprannaturale	**supernatural**	ˌsupa'næcrəl
sunnita	**Sunnite**	'sunait
suora	**nun**	nan
tempio	**temple**	'templ
testimone di Geova	**Jeovah's Witness**	ʤi'houvə 'uitnes
tolleranza	**tolerance**	'tolərəns
valdese	**Waldensian**	uol'densiən
venerazione	**veneration**	venə'reiʃn

Dov'è una chiesa?	**Is there a church nearby?** iz ðeə ə 'cəc niə'bai
C'è una chiesa cattolica / protestante?	**Is there a Catholic / Protestant church nearby?** iz ðeə ə 'kæθlik / 'protistənt cəc niə'bai
C'è una sinagoga?	**Is there a synagogue near here?** iz ðeə əˌsinə'gog 'niə 'hiə
Qual è l'orario delle funzioni?	**What time are the services?** uot 'taim a ðə 'səvisiz
Vorrei parlare con un sacerdote	**I'd like to speak to a priest** aid 'laik tə 'spik tu ə 'prist
C'è un sacerdote che parla italiano?	**Is there a priest who speaks Italian?** iz ðeə ə 'prist hu 'spiks i'tæliən
Vorrei comunicarmi	**I'd like to go to Holy Communion** aid 'laik tə gou tu 'houli kom'iuniən
Vorrei confessarmi	**I'd like to go to confession** aid 'laik tə gou tə kon'feʃən

RISTORANTE E ALTRI LOCALI

bar / caffè	**café**	'kæfei
bere	**to drink**	tu 'drink
birreria	**beer house / pub**	'biə haus / pab

buffet	**buffet**	'bufei
cena	**dinner**	'dinə
chiosco	**kiosk**	kiosk
cibo	**food**	fud
(prima) colazione	**breakfast**	'brekfəst
mangiare	**to eat**	tu 'it
merenda	**snack**	snæk
panineria	**snack bar**	'snæk ba
pasticceria	**pastry shop**	'peistri ʃop
pranzo (*colazione*)	**lunch**	lanc
rosticceria	**delicatessen**	ˌdelike'tesən
sala da tè	**tea room**	'ti rum
spuntino	**snack**	snæk
tavola calda	**snack bar / (*Am*) hot lunch bar**	snæk ba / hot 'lanc ba

Dove posso mangiare qualcosa?
Where can I get something to eat? 'ueə kæn ai ˌget 'samθin tə 'it

Può indicarmi un ristorante nelle vicinanze?
Is there a restaurant nearby? iz ðeə ə 'restəront niə'bai

Un ristorante economico / aperto fino a tardi?
A not too expensive restaurant / open late? not tu iks'pensiv / 'oupən 'leit

Cerco un locale dove facciano panini
I'm looking for a sandwich bar aim 'lukin for ə 'sænuic ba

A che ora apre / chiude?
What time does it open / close? uot 'taim daz it 'oupən / 'klouz

È necessario prenotare?
Do you need to make a reservation? du iu 'nid tu 'meik ə ˌrezə'veiʃn

RISTORANTE: A TAVOLA

aceto	**vinegar**	'vinigə
bicchiere	**glass**	glas

bottiglia	**bottle**	'botəl
caraffa	**carafe**	kə'ræf
coltello	**knife**	naif
coperto	**place setting**	'pleis setin
cucchiaino	**teaspoon**	'tispun
cucchiaio	**spoon**	spun
forchetta	**fork**	fok
menù	**menu**	'meniu
olio	**oil**	oil
pepe	**pepper**	'pepə
piattino	**saucer**	'sosə
piatto	**plate**	pleit
posacenere	**ash tray**	'æʃ trei
sale	**salt**	solt
salsa	**sauce**	sos
scodella	**bowl**	boul
senape	**mustard**	'mastəd
stuzzicadenti	**toothpicks**	'tuθpiks
tazza	**cup**	kap
tovaglia	**table cloth**	'teibəl kloθ
tovagliolo	**napkin**	'næpkin
vassoio	**tray**	trei
zuppiera	**soup tureen**	sup tiu'ren

Cameriere / a, prego	**Excuse me. Waiter / waitress** ik'skiuz mi 'ueitə / 'ueitrəs
Manca un coperto	**We need another place setting** ui 'nid ə'naθə 'pleis 'setin
Mi può portare il menù / la lista dei vini?	**Can you bring me the menu/ a wine list, please?** ken iu 'brin mi ðə 'meniu 'ə 'uain 'list pliz

Would you like to order from the menu? uud iu 'laik tu odə from ðə 'meniu	Volete mangiare alla carta?
We also have a tourist / fixed price menu ui 'olsou həv ə 'torist / 'fixt prais 'meniu	C'è anche il menù turistico / a prezzo fisso

Che cosa mi consiglia?	**What can you recommend?** 'uot ken iu ˌrekə'mend
Qual è la specialità della casa?	**What's the house speciality?** 'uots ðə 'haus ˌspeʃəlti
Avete un menù vegetariano?	**Do you have a vegetarian menu?** du iu hæv ə 'veʤə'teəriən 'meniu
È incluso nel prezzo?	**Is it included in the price?** izt in'kludid in ðə 'prais

Service is not included 'səvis iz 'not in'kludid	Il servizio non è compreso

Può portare dell'altro pane?	**Could you bring some more bread?** kud iu 'brin sam 'mo 'bred
Potrebbe portar via queste cose?	**Could you take these away?** kud iu 'teik ðiz ə'uei
Ci è caduta una forchetta	**We dropped a fork** ui 'dropt ə fok
È piccante?	**Is it hot?** iz it 'hot
Il... mi fa male	**... does'nt agree with me** 'daznt ə'gri uið 'mi
Sono allergico a...	**I'm allergic to...** 'aim ə'ləʤik tu...

This dish will take about... minutes ðis 'ðiʃ uil 'teik ə'baut 'minits	Per questo piatto c'è da aspettare... minuti
We're out of it uiər 'aut əv it	L'abbiamo terminato

Che contorni avete?	**Which side dishes do you have?** uic 'said 'diʃiz du iu 'hæv
Avete un digestivo?	**Do you have a liqueur?** du iu hæv ə li'kiuə
Vorrei un caffè	**I'd like a coffee** aid 'laik ə 'kofi

Espresso or American? ə'spresou or ə'merikən	Espresso o all'americana?

Potrei avere un dolcificante dietetico?	**Can I have a dietary sweetener?** ken ai hæv ə 'daiətəri 'suitnə

RISTORANTE: CONTO

Mi porta il conto, per favore?	**Can you bring me the bill please?** kæn iu 'briŋ mi ðə 'bil 'pli̲z

Do you need a receipt? du iu 'ni̲d ə ri'si̲t	Le serve la fattura?
Separate bills or all together? 'seprit bilz o̲ o̲l tə'geθə	Conti separati o conto unico?

Credo che ci sia un errore	**I think there's a mistake** ai 'θink ðeəz ə mis'teik
C'è una portata che non abbiamo ordinato	**There is a dish we didn't order** ðeə iz ə diʃ ui ˌdidnt 'o̲də
Posso pagare con carta di credito?	**Can I pay by credit card?** kæn ai 'pei bai 'kredit ka̲d

Please pay at the desk 'pli̲z 'pei ət ðə desk	Paghi alla cassa

RISTORANTE: PRENOTAZIONE, SERVIZI

disdire	**to cancel**	tu' kansl
nome	**name**	'neim
ora	**hour**	'auə
persone	**people**	'pi̲pl
prenotare	**to book / to reserve**	tu 'buk / tu ri̲'zə̲v
prenotazione	**booking / reservation**	'bukiŋ / 'ri̲zə̲'veiʃn
area fumatori	**smoking area**	'smoukiŋ 'eəriə
area non fumatori	**non-smoking area**	non 'smoukiŋ 'eəriə
casalingo	**homemade**	'houm 'meid
finestra	**window**	'uindou
giardino	**garden**	'ga̲dn

guardaroba	**cloakroom**	klouk'rum
ospite	**guest**	gest
porta	**door**	do
semplice	**simple**	simpl
tavolo	**table**	teibl
tipico	**typical**	'tipikl
acido	**sour**	'sauə
bruciato	**burnt**	bənt
duro	**hard**	'had
guasto	**rotten**	'rotən
raffermo	**stale**	steil
salato	**too salty**	tu 'solti

Vorrei un tavolo all'aperto	**I'd like a table outside** aid 'laik ə 'teibl ˌaut'said
Dov'è la toilette?	**Where's the toilet, please?** ueəz ðə 'toilit 'pliz
C'è il guardaroba?	**Do you have a cloakroom?** du iu hæv ə 'kloukrum
Potrei cambiare l'ordinazione?	**Can I change my order?** kæn ai 'ceinʤ mai odə
Ho ordinato del…, non questo	**I ordered…, not this** ai odəd not 'ðis
Per favore, mi chiami il direttore / il proprietario	**Please call the manager / the owner** 'pliz kol ðə 'mæniʤə / ði 'ounə

RISTORANTE: MENÙ

first course and soups	fəst 'cors ænd sups	primi e minestre
broth / consommé	broθ / 'konsomei	brodo / consommé
chicken	'cikən	di pollo
fish	fiʃ	di pesce

meat	mit	di carne
vegetable	'veʤtəbəl	vegetale
with pasta	uið 'pæstə	con pastina
cream of… / soup	'krim əv / sup	crema / passato
asparagus	ə'spærəgas	di asparagi
cabbage	'kæbiʤ	di cavolo
fish	fiʃ	di pesce
leek	lik	di porri
mushroom	'maʃrum	di funghi
onion	'aniən	di cipolle
pea	pi	di piselli
pasta	'pæstə	pastasciutta
with butter	uið 'batə	al burro
with meat sauce	uið mit sos	al ragù
with tomato sauce	uið tə'matou sos	al pomodoro
rice	rais	riso
soup	sup	zuppa
vegetable soup	'veʤtəbəl sup	minestra di verdure

meat	mit	carni
beef	bif	manzo
beef olives	'bif 'olivz	involtini
brains	breinz	cervello
capon	'keipon	cappone
chicken	'cikən	pollo
breast	brest	petto
thigh	θai	coscia
wing	uin	ala
cutlet	'katlit	cotoletta
deer	diə	cervo
duck	dak	anatra
entrecôte	'ontrəkout	costata
escalope	'eskalop	scaloppina
escargots	eskar'go	lumache
fillet	'filit	filetto
game	geim	selvaggina
goose	'gus	oca
guinea fowl	'ginifaul	faraona

hare	heə	**lepre**
heart	hat	**cuore**
hen	hen	**gallina**
jelly	'ʤeli	**gelatina**
kid	kid	**capretto**
kidney	'kidni	**rognone**
lamb	læm	**agnello**
liver	'livə	**fegato**
loin	loin	**lombata**
meatballs	'mitbolz	**polpette**
offal	ofl	**frattaglie**
ostrich	'ostriʤ	**struzzo**
pheasant	'fezənt	**fagiano**
pigeon	'piʤən	**piccione**
pork	pok	**maiale**
quail	kueil	**quaglia**
rabbit	'ræbit	**coniglio**
roast beef	roust 'bif	**roastbeef**
shin	'ʃin	**stinco**
steak	steik	**bistecca**
stew	stiu	**spezzatino**
tongue	tan	**lingua**
tripe	traip	**trippa**
turkey	'təki	**tacchino**
veal	'vil	**vitello**
wild boar	uaild 'bo	**cinghiale**
fish	fiʃ	**pesce**
anchovies	'æncəviz	**acciughe**
angler-fish	'ænglə fiʃ	**pescatrice**
"blue" fish	'blu fiʃ	**pesce azzurro**
carp	kap	**carpa**
caviar	kævi'a	**caviale**
clams	klæmz	**vongole**
cod	kod	**merluzzo**
crab	kræb	**granchio**
crayfish	'kreifiʃ	**gamberi di fiume**
cuttlefish	'katəlfiʃ	**seppie**

dentex	'dentəks	dentice
eel	il	anguilla
gilt-head bream	'gilt hed 'brim	orata
hake	heik	nasello
lobster	'lobstə	astice
(spiny) lobster	'spaini 'lobstə	aragosta
mackerel	'mækərəl	sgombro
monkfish	'mankfiʃ	pescatrice
mullet	'malət	triglia
mussels	'masəlz	cozze
octopus	'oktəpəs	polpo / piovra
oily fish	'oili fiʃ	pesce azzurro
oysters	'oistəz	ostriche
pike	paik	luccio
plaice	pleis	platessa
prawns	prons	gamberi
salmon	'sæmən	salmone
sardines	sa'dins	sardine
sea bass	'si bæs	branzino
seafood	'sifud	frutti di mare
shellfish	'ʃelfiʃ	molluschi / crostacei
shrimps	ʃrimps	gamberetti
skate	'skeit	razza
slice	slais	trancio
sole	soul	sogliola
squids	skuidz	calamari
stockfish	'stokfiʃ	stoccafisso
sturgeon	'stəʤən	storione
swordfish	'sodfiʃ	pesce spada
trout	traut	trota
tuna	tiunə	tonno
turbot	'təbət	rombo
vegetables and spices	'veʤtəblz ænd 'spaisiz	verdura e aromi
artichokes	'ati'couks	carciofi
asparagus	ə'spærəgəs	asparagi
aubergines	'oubəʤinz	melanzane
basil	'bæzil	basilico

bay leaf	'bei lif	**alloro**
beans	binz	**fagioli**
beetroots	'bitruts	**barbabietole**
broad beans	'brodbinz	**fave**
broccoli	'brokəli	**broccoli**
cabbage	'kæbiʤ	**cavolo**
carrots	'kærəts	**carote**
cauliflower	'koli,flauə	**cavolfiore**
celery	'seləri	**sedano**
chick peas	cik 'piz	**ceci**
chicory	'cikəri	**radicchio (cocoria)**
chili pepper	cili 'pepə	**peperoncino**
corn	kon	**granoturco / mais**
courgettes	kuə'ʤetz	**zucchini**
cucumbers	'kiukambəz	**cetrioli**
eggplants (*Am*)	'egplants	**melanzane**
fennel	'fenəl	**finocchio**
garlic	'galik	**aglio**
green beans	'grinbinz	**fagiolini**
herbs	həbz	**erbe aromatiche**
leeks	'liks	**porri**
legumes	lə'giumz	**legumi**
lentils	'lentilz	**lenticchie**
lettuce	'letis	**lattuga**
mint	mint	**menta**
mushrooms	'maʃrumz	**funghi**
onions	'aniənz	**cipolle**
oregano	ori'ganou	**origano**
paprika	'pæprikə	**paprika**
parsley	'pasli	**prezzemolo**
peas	piz	**piselli**
peppers	'pepəz	**peperoni**
potatoes	pə'teitouz	**patate**
pumpkin	'pampkin	**zucca**
radishes	'rædiʃiz	**rapanelli**
rosemary	'rouzməri	**rosmarino**
saffron	'sæfrən	**zafferano**
sage	seiʤ	**salvia**
salad	'sæləd	**insalata**
spices	'spaisiz	**spezie / aromi**

string beans	'strin binz	**fagiolini**
thyme	taim	**timo**
tomatoes	tə'matouz	**pomodori**
truffle	'trafl	**tartufo**
turnips	'tənipz	**rape**
vegetables	'veʤtəblz	**verdure**
<u>cheeses</u>	cizis	**formaggi**
cheese	ciz	**formaggio**
buffalo's	'bafəlouz	**di bufala**
cow's milk	'kauz milk	**di latte vaccino**
ewe's	iuz	**di pecora**
fat	fæt	**grasso**
goat's	gouts	**di capra**
low fat	'lou fæt	**magro**
mild	maild	**dolce**
ripe	raip	**stagionato**
strong	stron	**piccante**
<u>fruit</u>	ˌfrut	**frutta**
apples	'æpəlz	**mele**
apricots	'eiprikots	**albicocche**
banana	bə'nænə	**banana**
blackberries	'blækbəriz	**more**
blueberries	'blubəriz	**mirtilli**
cherries	'ceris	**ciliegie**
chestnuts	'cestnats	**castagne**
coconut	koukə'nat	**noce di cocco**
compote	'kompot / *(Am)* 'kompout	**frutta cotta**
fruit in season	'frut in 'sizən	**frutta di stagione**
dry	drai	**secca**
fresh	freʃ	**fresca**
mixed	mikst	**mista**
fruit jelly	'frut ʤeli	**gelatina di frutta**
fruit salad	ˌfrut 'sæləd	**macedonia**
grapefruit	'greipfrut	**pompelmo**
grapes	greips	**uva**
hazelnuts	'heizəlnats	**nocciole**
kiwi	'kiui	**kiwi**

lemon	'lemən	limone
melon	'melən	melone
nuts	nats	noci
orange	'orinʤ	arancia
peaches	'picəz	pesche
pears	peəs	pere
pineapple	'painæpəl	ananas
plums prune	prun	prugne
raspberries	'razberiz	lamponi
red currants	ˌred 'kərənts	ribes
strawberries	'strobəriz	fragole
tangerines	tænjə'rins	mandarini
watermelon	'uotəˌmelən	anguria
dessert	di'zet	dolci e dessert
cake / pie	keik / pai	torta
apple	'æpəl	di mele
chocolate	cokələt	al cioccolato
fruit	frut	di frutta
cream	krim	panna
custard	'castəd	crema (di uova e latte)
egg custard	eg 'castəd	crema pasticciera
ice cream	ais 'krim	gelato
mousse	mus	mousse
pancakes	'pænkeiks	frittelle
pudding	'pudin	budino
sorbet / (*Am*) sherbet	so'bei / 'ʃəbət	sorbetto
sweet	suit	dolce
tart	tat	crostata
whipped cream	uipt 'krim	panna montata

SALUTI, PRESENTAZIONI, CORTESIA, AUGURI

anniversario	**anniversary**	æni'vəsəri
arrivederci	**good bye**	gud 'bai
auguri	**best wishes**	'best uiʃiz
benvenuto	**welcome**	'uelkəm
buonanotte	**good night**	gud 'nait
buonasera	**good evening**	gud 'ivnin
buongiorno	**good morning**	gud 'monin
buon pomeriggio	**good afternoon**	gud 'aftənun
ciao	**hi / bye**	hai / bai
compleanno	**birthday**	'bəθdei
complimenti	**congratulations**	kən,græcu'leiʃənz
favore	**favour**	'feivə
festa	**party**	pati
fortuna	**luck**	lak
grazie	**thank you**	'θænk iu
incontro	**meeting**	'mitin
no	**no**	nou
piacere	**how do you do**	hau du iu 'du
prego	**you're welcome**	io 'uelkəm
presentazione	**introduction**	,intrə'dakʃn
saluti	**goodbye**	gud'bai
sì	**yes**	ies

Where are you from? ,ueə a iu 'from	Da dove viene?
Sono italiano	**I'm Italian** aim i'tæliən
Which city are you from? ,uic 'siti a iu 'from	Di quale città?
Si fermerà molto?	**Will you be here long?** uil iu bi hiə 'lon
Parla italiano?	**Do you speak Italian?** du iu 'spik i'tæliən
Non parlo l'inglese	**I don't speak English** ai 'dount ,spik ingliʃ
Non ho capito	**I don't understand** ai 'dount ,andə'stænd

Può ripetere, per favore?	**Can you repeat that please?** kæn iu rə'pit ðæt 'pliz
Può parlare più lentamente?	**Can you speak more slowly, please?** kæn iu 'spik 'slouə
Può parlare a voce più alta?	**Could you speak up?** kud iu 'spik ap
Può scriverlo?	**Can you write it for me?** kæn iu 'rait it fo mi
Può indicarmi la parola sul vocabolario?	**Can you show me the word in the dictionary?** kæn iu 'ʃou mi ðə 'uəd in ðə 'dikʃənəri
Come si pronuncia?	**How do you pronounce it?** 'hau du iu prə'nauns it
Mi chiamo…	**My name's…** mai 'neimz
Come si chiama?	**What's your name?** 'uots io 'neim
Posso presentarle…?	**May I introduce…?** 'mei ai ˌintrə'dius
Piacere di conoscerla	**Nice to meet you** 'nais tə 'mit iu
Come sta / stai?	**How are you?** 'hau a iu
Bene, grazie, e lei / tu?	**Fine thanks, and you?** 'fain θænks ənd 'iu
A presto	**See you soon** 'si iu 'sun
A più tardi	**See you later** 'si iu 'leitə
Ci vediamo	**See you** 'si iu
Benvenuto!	**Welcome** 'uelkəm
Per favore	**Please** pliz
Sì, grazie **No, grazie**	**Yes, please** 'ies 'pliz **No, thanks** 'nou 'θænks
Di niente	**Don't mention it** 'dount menʃn it
Mi scusi	**Excuse me / I'm sorry** ik'skiuz mi / aim 'sori
Non c'è problema	**No problem** 'nou 'problem
Permesso? (*per entrare*)	**May I?** 'mei ai

Permesso! (*per passare*)	**Excuse me!** ik'skiuz mi
Disturbo?	**Am I disturbing?** əm ai dis'təbin
Si accomodi (*entri*)	**Come in** 'kam in
Si accomodi (*si sieda*)	**Sit down, please** sit 'daun pliz
Vorrei…	**I'd like…** aid 'laik
Le / ti piace?	**Do you like…?** du iu 'laik
Mi piace	**I like…** ai 'laik
Non mi piace	**I don't like…** ai 'dount 'laik
Con molto piacere	**With pleasure** uið 'plejə
È vero	**That's true** ðæts 'tru
Non è vero	**That's not true** ðæts 'not 'tru
Sono d'accordo	**I agree** ai ə'gri
Non sono d'accordo	**I don't agree** ai 'dount ə'gri
Sono contento	**I'm happy** aim 'hæpi
Ha / hai ragione	**You're right** io 'rait
Si sbaglia / ti sbagli	**You are mistaken** iu a 'misteikən
È un vero peccato!	**That's really a shame!** ðæts 'riəli ə ʃeim
Che fortuna!	**What luck!** uot 'lak
Quanti anni ha / hai?	**How old are you?** hau 'old a iu
Posso fumare?	**Do you mind if I smoke?** du iu 'maind if ai 'smouk
Ha da accendere?	**Do you have a light?** du iu hæv ə 'lait
Mi disturba il fumo	**The smoke bothers me** ðə 'smouk 'boðəz mi
Può spegnere, per favore?	**Could you put it out please?** kud iu 'put it ˌaut 'pliz
Vuole / vuoi ballare?	**Would you like / do you want to dance?** uud iu 'laik / du iu 'uont tə 'dans
Grazie, non ballo	**No thanks, I don't dance** 'nou 'θænks ai dount 'dans

Grazie, volentieri	**I'd love to** aid 'lav tu
Vuole / vuoi bere qualcosa?	**Would you like a drink?** uud iu ˌlaik ə 'drink
Verrebbe / vieni con me / noi…	**Why don't you come with me / us…** uai 'dount iu 'kam uið mi / as
al teatro / cinema?	**to the theatre / movies?** 'tə ðə 'θiətə / muviz
in discoteca?	**to the disco?** tə ðə 'diskou
a fare una passeggiata?	**for a walk?** for ə 'uok
Vorrei invitarla /ti a cena	**Would you like to go for dinner?** uud iu ˌlaik tə 'gou fo 'dinə
Dove possiamo incontrarci?	**Where shall we meet?** 'ueə ʃæl ui 'mit
Qual è il suo / tuo numero di telefono?	**What's your telephone number?** 'uots io 'telifoun nambə
Il mio numero è…	**My number is…** mai ' nambə iz
Ci vediamo alle…	**See you at…** 'si iu æt
La / ti verrò a prendere in albergo	**I'll pick you up at your hotel** ail 'pik iu 'ap ət io hou'tel
Cosa fa / fai domani?	**What are you doing tomorrow?** uot a iu 'duin tə'morou
Sono impegnato / a	**I'm busy** aim 'bizi
Vorrei andare al cinema	**I'd like to go to the movies** aid ˌlaik tə 'gou tə ðə 'muviz
Ci andiamo insieme?	**Shall we go together?** ʃæl ui 'gou tə'geðə
Ci possiamo vedere?	**Can we meet again?** kæn ui 'mit ə'gen
Spero di incontrarla di nuovo	**I hope we meet again** ai 'houp ui mit ə'gein
È stato un piacere	**It was nice to meet you** it uəz 'nais tə 'mit iu
Buon viaggio	**Have a good trip!** həv ə 'gud 'trip
Buona giornata	**Have a nice day** həv ə 'nais 'dei
Buona fortuna	**Good luck** gud 'lak

Tanti auguri!	**All the best!** ol ðə 'best	
Buon compleanno!	**Happy birthday!** 'hæpi 'bəθdei	

SCI, SPORT INVERNALI

attacchi	**ski bindings**	'ski baindinz
bastoncini	**ski sticks / poles**	'ski poulz
bob	**bob sled**	'bob sled
discesa (*pendio*)	**slope**	'sloup
discesa libera	**downhill race**	'daunhil 'reis
funivia	**cable car**	'keibəl ˌka
ghiaccio	**ice**	'ais
impianti di risalita	**ski lifts**	'skilifts
neve	**snow**	snou
palazzo del ghiaccio	**ice rink**	'ais rink
pattinaggio	**(ice) skating**	'ais 'skeitin
su ghiaccio	**ice-skating**	'aiskeitin
artistico	**figure skating**	'figə 'skeitin
di fondo	**long-distance skating**	ˌlon'distans ' skeitin
di velocità	**speed skating**	'spid skeitin
pattini	**skates**	skeits
pista (*da sci*)	**slope, piste**	sloup / pist
pista (*da pattinaggio*)	**(skating) rink**	rink
rifugio	**shelter**	'ʃeltə
salto	**ski jumping**	'ski 'ʤampin
scarponi	**boots**	buts
sci	**skis**	skiz
sci di fondo	**cross-country skiing**	'kros kantri 'ski_'in
sciolina	**(ski) wax**	ski 'uæks
sciovia	**ski lift**	'ski lift
seggiovia	**chair lift**	'ceə lift
skilift	**ski lift**	'ski lift
skipass	**ski pass**	'ski 'pas

slalom	**slalom**	'slaləm
gigante	**giant-slalom**	'ʤaiənt 'slaləm
speciale	**(special) slalom**	speʃl 'slaləm
slitta	**sledge / (*Am*) sled**	'sleʤ / sled
slittino	**toboggan**	tə'bogən
snowboard	**snowboard**	'snoubod
teleferica	**cable-way**	'keibl uei
trampolino (*da salto*)	**ski jump**	'ski 'ʤamp
valanga	**avalanche**	'ævəlanʃ

Dove si fa lo skipass?	**Where do you get a ski pass?** 'ueə du iu 'get ə 'ski pas
Sono difficili le piste?	**Are the slopes difficult?** a ðə 'sloupz 'difikəlt
Dovrei noleggiare un paio di sci	**I 'd like to hire a pair of skis** aid laik tu 'haiə ə 'peə əv 'skiz
Dov'è la funivia?	**Where's the cablecar?** 'ueəz ðə 'keiblka
È lunga questa pista?	**Is this slope long?** iz ðis 'sloup 'lon

It goes to the bottom of the valley it 'gouz tu ðə 'botəm əv ðə 'væli	Arriva fino al fondovalle
Don't ski off the marked trails 'dount 'ski of ðə 'makt 'treilz	Non lasciate la pista segnata
Avalanche danger æve'lænʃ deinʤə	Pericolo valanghe

SPORT

aerobica	**aerobics**	eə'roubiks
alpinismo	**mountain climbing**	'mauntən 'klaimin
amatoriale	**amateur**	'æmətə
arrampicata su roccia	**rock climbing**	'rok 'klaimin
arrivo	**finish / finishing line**	'finiʃ / 'finiʃin ˌlain
arte marziale	**martial art**	'maʃəl 'at

atleta	**athlete**	'æθlit
atletica	**athletics**	æθ'letiks
leggera	**track and field events**	'træk ənd fild 'ivents
pesante	**weightlifting and wrestling**	'ueitliftin ənd 'reslin
baseball	**baseball**	'beisbol
batteria	**heat**	hit
campionato	**championship**	'cæmpiənʃip
campione	**champion**	'cæmpiən
canoa	**canoe**	kə'nu
canottaggio (*voga*)	**rowing**	'rouin
ciclismo	**cycling**	'saiklin
circuito	**track**	træk
classifica	**placings**	'pleisins
classifica (*calcio*)	**league table**	'lig 'teibl
classifica finale	**final results**	'fainəl ri'zalts
correre	**running**	'ranin
corridore	**runner**	'ranə
corsa (*gara*)	**race**	reis
corsa (*sport*)	**racing**	'reisin
corsa automobilistica	**motor racing**	'moutə reisin
a ostacoli	**hurdles**	'hədls
campestre	**cross-country racing**	ˌkros'kantri 'reisin
ciclistica	**cycle racing**	'saikl 'raisin
di cani	**greyhound racing**	'greihaund 'reisin
di cavalli	**horse racing**	'hos 'reisin
motociclistica	**motor cycle racing**	'moutə 'saikl 'reisin
podistica	**running**	'ranin
corsia	**lane**	'lein
cricket	**cricket**	'krikit
decathlon	**decathlon**	di'kæθlon
deltaplano	**hang-glider**	'hæn glaidə
dilettante	**amateur**	'æmətə
discesa a corda doppia	**abseiling**	æb'seilin
eliminatoria	**preliminary heat**	pri'liminəri hit
eliminazione	**elimination**	i'limineiʃn
finale	**final**	'fainl

fondo	long distance	lon 'distəns
gara	competition / contest	ˌkompə'tiʃn / 'kəntest
gara (*di velocità*)	race	reis
getto del peso	putting the shot	'putin ðə ʃot
ginnastica	gymnastics	ʤim'næstiks
artistica	artistic gymnastics	a'tistik ʤim'næstiks
ritmica	rhythmic gymnastics	'riðmik ʤim'næstiks
giocatore	player	'pleiə
hockey	hockey	hoki
hockey su ghiaccio	ice hockey	'ais 'hoki
incontro	match	'mæc
jogging	jogging	'ʤogin
kayak	kayak	'kaiæk
lancio	throwing	'θrouing
del disco	discus (throwing)	'diskəs 'θrouin
del giavellotto	javelin (throwing)	'ʤævəlin θrouin
maratona	marathon	'mærəθon
mezzofondo	middle distance	'midl 'distəns
minuti di recupero (calcio)	injury time	'inʤəri 'taim
palasport	indoor sports arena	in'do 'spotz ˉərinə
palestra	gym	ʤim
pallacanestro	basketball	'baskitˌbol
pallanuoto	water polo	'uotə ˌpoulou
pallavolo	volleyball	'voliˌbol
paracadutismo	skydiving	'skaiˌdaivin
parapendio	paragliding	'pærəglaidin
partenza	start	stat
partita	match	mæc
pattinaggio	skating	'skeitin
a rotelle	roller skating	'roulə 'skeitin
artistico	figure skating	'figə 'skeitin
su ghiaccio	ice-skating	'aiskeitin
pattini in linea	rollerblades	'rouləbleidz
pentathlon	pentathlon	pen'tæθlon
pista	track	træk

pista (*da sci*)	**slope / piste**	sloup / pist
polo	**polo**	'poulou
professionista	**professional**	prə'feʃiənl
pugilato	**boxing**	'boksin
punteggio	**score**	'skoə
ripescaggio	**repechage**	repəʃaʤ
risultato	**final score**	'fainl 'sko
rugby	**rugby**	'ragbi
salto	**jump**	ʤamp
con l'asta	**pole-vault**	'poul volt
in alto	**high jump**	'hai ʤamp
in lungo	**long jump**	'lon ʤamp
triplo	**triple jump**	'tripl ʤamp
scherma	**fencing**	'fensin
sci nautico	**water-skiing**	'uotə skiin
semifinale	**semifinal**	ˌsemi'fainl
skateboard	**skateboard**	'skeitbod
sport	**sport**	spot
squadra	**team**	tim
stadio	**stadium**	'steidiəm
staffetta	**relay**	'rilei
tappeto elastico	**trampolin**	'træmpəlin
tennis da tavolo	**table tennis**	'teibl 'tenis
tiro	**shooting**	'ʃutin
al bersaglio	**target shooting**	'tagit 'ʃutin
al piattello	**clay-pigeon shooting**	ˌklei'piʤin 'ʃutin
con l'arco	**archery**	'acəri
torneo	**tournament**	tonəmənt
traguardo	**finish / finishing line**	'finiʃ / 'finiʃin 'lain
vela	**sailing**	'seilin
velocità	**speed**	'spid
volo a vela	**gliding**	'glaidin

Vorrei prendere delle lezioni di…	**I'd like to take… lessons** aid 'laik tə 'teik 'lesənz
Sono principiante	**I'm a beginner** aim ə bə'ginə

Non ho mai giocato	**I've never played** aiv 'nevə 'pleid
Gioco abbastanza bene a…	**I play… pretty well** ai 'plei 'priti 'uel
Si può noleggiare una barca a vela / una tavola a vela?	**Can I hire a sailing boat / sailing board?** kæn ai 'haiə ə 'seilin bout / ə 'seilinbod
Il campo è all'aperto?	**Is the court outdoors?** iz ðə 'kot 'autdoz
C'è un istruttore?	**Is there an instructor?** iz ˌðeə ən in'straktə
Ci sono manifestazioni sportive in questo periodo?	**Are there any sports events at this time?** a ðeə 'eni 'spots ə'vents ət ðis 'taim

TABACCHI

accendino	**lighter**	'laitə
cartine	**cigarette papers**	ˌsigə'ret peipəz
fiammiferi	**matches**	'mæciz
filtro	**filter**	'filtə
nettapipe	**pipe cleaner**	'paip ˌklinə
pacchetto	**packet**	pæk
pipa	**pipe**	paip
sigaretta	**cigarette**	sigə'ret
con filtro	**filtered**	'filtəd
senza filtro	**unfiltered**	an'filtəd
sigaro	**cigar**	si'ga
stecca	**carton**	'katən
tabaccheria	**tobacconist's / (*Am*) smoke shop**	tə'bækənists / 'smouk ʃop
tabacco	**tobacco**	tə'bækou
da pipa	**pipe tobacco**	paip
per sigarette	**cigarette tobacco**	sigə'ret

TAXI

Dove posso trovare un taxi?	**Where can I get a taxi?** 'ueə kæn ai 'get ə 'tæksi
Qual è il numero (telefonico) del radio-taxi?	**What's the radio taxi (phone) number?** uots ðə ˌreidiou 'tæksi 'foun 'nambə
Mi può chiamare un taxi?	**Can you call me a taxi, please?** kæn iu 'kol mi ə 'tæksi pliz
È libero?	**Are you free?** a iu 'fri

I'm off duty aim ˌof 'diuti — Sono fuori servizio

Quanto costa più o meno la corsa fino a...?	**How much is it, approximately, to go to...?** hau 'mac iz it ə'proksimətli tu 'gou tu

Night-time fares apply 'nait taim 'feəz ə'plai — È in vigore la tariffa notturna

Andiamo alla stazione / all'aeroporto / al porto degli aliscafi	**We are going to the station / to the airport / to the hydrofoil port** ui a 'gouin to ðə 'steiʃn / ði eəpot / ðə 'haidrəfoil pot
Mi porti a questo indirizzo	**Take me to this address, please** 'teik mi tə ðis ə'dres pliz
Ho molta fretta!	**I'm really in a hurry!** aim 'riəli in ə 'hari
Posso aprire il finestrino?	**Can I open the window?** kæn ai 'oupən ðə 'uindou
Si può fumare?	**Can I smoke?** kæn ai 'smouk
Rallenti, per favore	**Slow down, please** 'slou 'daun 'pliz
Si fermi qui	**Stop here, please** 'stop 'hiə 'pliz
Mi può aspettare?	**Can you wait for me, please?** kæn iu 'ueit fo mi 'pliz

Quanto fa?	**How much is it?** hau 'mac iz it
Non ha il tassametro?	**You don't have a metre?** iu 'dount hæv ə 'mitə
Mi fa la ricevuta, per favore?	**Can you give me a receipt, please?** kæn iu 'giv mi ə ri'sit 'pliz
Quanto è il supplemento per il bagaglio?	**How much extra for the luggage?** hau 'mac 'ekstrə fo ðə 'lagiʤ

TELEFONO, FAX, CELLULARE

apparecchio (*telefonico*)	**telephone**	'teləfoun
cellulare	**mobile telephone**	mo'bail'teləfoun
centralino	**switchboard**	'suicbod
chiamata	**call**	'koll
comunicazione	**communication**	kəˌmiuni'keiʃən
cornetta	**receiver**	rə'sivə
elenco (*telefonico*)	**phone book / telephone directory**	'foun buk / 'teləfoun dai'rectori
fax	**fax**	fæks
linea	**line**	lain
moneta	**coin**	koin
numero	**number**	'nambə
(numero) interno	**extension**	iks'tenʃən
prefisso	**area code**	ˌeəriə 'koud
pronto	**hello**	hə'lou
scarico (*di batteria*)	**flat**	flæt
scarico (*di credito*)	**out of credit**	'aut ov 'kredit
scatto	**unit**	'iunit
scheda telefonica	**phone card**	'foun 'kad
segreteria telefonica	**answerphone / answering machine**	'ansəˌfoun / 'ansərin māʃin

squillo	**ring**	rin
tariffa	**rate**	reit
telefonino	**mobile / *(Am)* self phone**	mo'bail / sel'foun
telefono	**telephone**	'teləfoun

Vorrei fare una telefonata urbana / interurbana	**I'd like to make a local / long distance call** aid 'laik tə 'meik ə 'loukl /ə lon 'distəns 'kol
Dove posso acquistare una scheda telefonica?	**Where can I get a phone card?** 'ueə kæn ai 'get ə 'foun kad
È possibile chiamare l'Italia?	**Can I call Italy?** kæn ai 'kol 'itəli
Ci sono fasce orarie a tariffa ridotta?	**Are there reduced rate times?** a ðeə rə'diust reit 'taims
Qual è il prefisso di…?	**What's the (dialling) code / (*Am*) area code for…?** uots ði 'daiəlin 'koud / 'eəriə 'koud fo
Che numero ha questo apparecchio?	**What's the number of this phone?** uots ðə 'nambə əv 'ðis 'foun
Ha l'elenco del telefono?	**Do you have the phone book?** du iu 'həv ðə foun buk
Posso fare una telefonata a carico del destinatario?	**Can I make a collect call?** kæn ai 'meik ə kə'lekt 'kol
Posso avere la linea esterna?	**Can you give me the outside line?** kæn iu 'giv mi ðə 'autsaid 'lain

I'll put you through ail 'put iu θru	Le passo la comunicazione
It's engaged / (*Am*) The line is busy 'its ing¯eiʤd / ðə 'lain iz 'bizi	È occupato

No one is answering 'nou uan iz 'ansərin	Non risponde nessuno
It's ringing its 'rinin	Sta squillando
Hold the line please 'hould ðə 'lain 'pliz	Aspetti in linea

Pronto, vorrei parlare con il sig...	**Hello, I'd like to speak to Mister...** hə'lou aid 'laik tə 'spik tə 'mistə...
Chiamo da parte del sig...	**I'm calling on behalf of Mister...** aim 'kolin on bi¯haf ov 'mistə
Può dirgli di chiamare il numero...?	**Could you please tell him to call...** 'kud iu 'pliz 'tel him tu 'kol

I'll put you through to the extension ail 'put iu θru tu ðə iks'tenʃən	Le passo l'interno
We are putting your call through to... ui ə 'putin io 'kol θru tu	Stiamo trasferendo la sua chiamata a...

Il telefono è guasto	**The telephone is out of order** ðə 'teləfoun iz 'aut əv 'odə

The line was cut off ðə 'lain uoz 'kat of	È caduta la linea

Non c'è campo	**There is no signal** ðeə iz 'nou 'signl
Posso ricaricare (di credito) il mio cellulare?	**May I top up my (mobile) phone?** mei 'ai top'ap mai mo'bail 'foun
Può darmi il numero del cellulare?	**Can I have the mobile number?** kæn ai 'həv ðə mo'bail 'nambə
Ho trovato un messaggio sul cellulare	**I found a message on the mobile** ai 'faund ə 'mesiʤ on ðə mo'bail
Mi chiami pure sul cellulare	**You can call me on my mobile** iu kæn 'kol mi on mai mo'bail

The client cannot be reached at the moment ðə 'klaiənt 'kænot bi 'ricd ət ðə 'moumənt	Il cliente al momento non è raggiungibile

Vorrei inviare un fax al numero…	**I'd like to send a fax to this number…** aid 'laik tə 'send ə 'fæks tu 'ðis 'nambə
Il testo è illeggibile	**The text is illegible** ðə tekst iz i'leɗibl
Potrebbe mandarmi un fax?	**Could you please send me a fax?** 'kud iu 'pliz 'send mi ə 'fæks
Fax da… a…	**Fax from… to…** fæks from tu
Oggetto:	**Re:** ri
Numero totale delle pagine trasmesse (compresa questa):	**Pages (including this):** 'peiɗiz in'kludin ðis
In caso di ricezione difettosa contattare il numero…	**If you have difficulties reading this fax, please telephone…** if iu 'həv 'difikəltiz ridin ðis 'fæks 'pliz 'teləfoun

TEMPO: CALENDARIO, ORE

alba	**dawn**	don
anno	**year**	'iiə
aurora	**dawn**	don
autunno	**autumn / (*Am*) fall**	'otəm / fol
calendario	**calendar**	'kæləndə
crepuscolo	**dusk**	dəsk
data	**date**	deit
domani	**tomorrow**	tə'morou
equinozio	**equinox**	'ikuinoks
estate	**summer**	'samə
giorno	**day**	dei
ieri	**yesterday**	'iestədei
inverno	**winter**	'uintə
luna	**moon**	mun
mattino	**morning**	'monin

TEMPO: CALENDARIO, ORE

mese	**month**	manθ
gennaio	**January**	'ʤæniuəri
febbraio	**February**	'februəri
marzo	**March**	mac
aprile	**April**	'eipril
maggio	**May**	mei
giugno	**June**	ʤun
luglio	**July**	ʤu'lai
agosto	**August**	'ogəst
settembre	**September**	səp'tembə
ottobre	**October**	ok'toubə
novembre	**November**	nou'vembə
dicembre	**December**	di'sembə
mezzanotte	**midnight**	'midnait
mezzogiorno	**noon / midday**	nun / 'middei
millennio	**millennium**	mi'leniəm
minuto	**minute**	'minit
notte	**night**	nait
oggi	**today**	tə'dei
ora	**hour**	'auə
pomeriggio	**afternoon**	ˌaftə'nun
primavera	**spring**	sprin
secolo	**century**	'sencəri
secondo	**second**	'sekənd
decimo di secondo	**tenth of a second**	tenθ ov ə 'sekənd
centesimo di secondo	**hundredth of a second**	'handrədθ ov ə 'sekənd
sera	**evening**	'ivnin
settimana	**week**	uik
lunedì	**Monday**	'mandei
martedì	**Tuesday**	'cuzdei
mercoledì	**Wednesday**	'uenzdei
giovedì	**Thursday**	'θəzdei
venerdì	**Friday**	'fraidei
sabato	**Saturday**	'sætədei
domenica	**Sunday**	'sandei
sole	**sun**	san
solstizio	**solstice**	'solstis
stagione	**season**	'sizən

stagione	**season**	'sizən
alta stagione	**high season**	hai 'sizən
bassa stagione	**low season**	lou 'sizən
stamattina	**his morning**	ðis 'monin
stanotte	**tonight**	tə'nait
stasera	**this evening / tonight**	ðis 'ivnin / tə'nait
tempo	**time**	taim
tramonto	**sunset**	'sanset

Che ore sono?	**What time is it?** uot 'taim iz it
È l'una	**It's one o'clock** its 'uan ə'klok
Sono le due in punto	**It's two o'clock** its 'tu ə'klok
le quindici e cinque	**five past three / (*Am*) three oh five p.m.** 'faiv past 'θri / 'θri ou 'faiv 'piem
le cinque e un quarto	**quarter past five / five fifteen** 'kuotə past 'faiv / 'faiv fif'tin
le sette e mezza di sera	**seven thirty p.m.** 'sevən ˌθəti 'piem
le nove meno un quarto	**a quarter to nine** ə 'kuotə tə 'nain
È mezzogiorno / mezzanotte	**It's noon / midnight** its 'nun / 'midnait
A che ora ci vediamo?	**What time shall we meet?** uot 'taim ʃæl ui 'mit
Intorno alle due	**Around two** ə'raund 'tu
Arriverò verso le tre	**I'll be there about three** ail bi 'ðeə ə'baut θri
Dalle nove alle tre (9.00-15.00)	**From nine to three** from 'nain tə θri
Che giorno è oggi?	**What day is it today?** uot 'dei is it tə'dei
Oggi è domenica	**Today is Sunday** tə'dei iz 'sandei
È il 18 agosto 2005	**It's the eighteenth of August / (*Am*) August eighteenth, two thousand and five** its ðə ei'tinθ ov 'ogəst / 'ogəst ei'tinθ to 'θauzənd ənd 'faiv
La settimana scorsa	**Last week** ˌlast 'uik
Vado a lezione tre volte alla settimana	**I go to lessons three times a week** ai 'gou tə 'skul 'θri 'taimz ə 'uik

Non la vedo da cinque giorni	**I haven't seen her in / for five days** ai hævənt 'sin hə in / fo 'faiv 'deiz
Devo incontrarla fra un'ora	**I have to meet her in an hour** ai həv tə 'mit hə in ən 'auə
L'ho visto due giorni fa	**I saw him two days ago** ai 'so him 'tu 'deiz ə'gou
Arriverà entro le due	**He'll be here by two** hil bi 'hiə bai 'tu
Richiamo in mattinata	**I'll call back later this morning** ail 'kol bæk 'leitə ðis 'monin
Lo sento in serata	**I'll talk to him this evening** ail 'tok tə him ðis 'ivnin
Scusa, sono in ritardo	**I'm sorry I'm late** aim 'sori aim 'leit
È / sei arrivato in anticipo	**He's / you're early** hiz / io / 'ərli

It's closed on Mondays its 'klozd on 'mandeiz	È chiuso il lunedì

TEMPO: CHE TEMPO FA

afa	**sultriness**	saltrines
aria	**air**	eə
bufera	**storm**	stom
caldo (*aggettivo*)	**hot**	hot
caldo (*sostantivo*)	**heat**	hit
clima	**climate**	'klaimət
freddo	**cold**	kould
fulmine	**lightning**	'laitnin
ghiaccio	**ice**	ais
grandine	**hail**	heil
nebbia	**fog**	fog
neve	**snow**	snou
nuvole	**clouds**	klaudz
ondata di caldo	**heat wave**	hit ueiv

pioggia	**rain**	rein
previsioni del tempo	**weather forecast**	'ueðə fo' kast
secco	**dry**	drai
sereno (*di cielo*)	**clear**	'kliə
sole	**sun**	san
temperatura	**temperature**	'temprəcə
tempesta	**storm**	stom
tempo	**weather**	'ueðə
temporale	**rainstorm**	'reinstom
umidità	**humidity**	hiu'miditi
umido	**humid / wet / damp**	'hiumid / uet / dæmp
vento	**wind**	uind

Che tempo fa?	**What's the weather like?** 'uots ðə 'ueðə 'laik
Fa bello / brutto	**It's beautiful / awful** its 'biutiful / 'oful
Fa caldo / freddo	**It's hot / cold** its hot / kould
Questa mattina c'è il sole	**It's sunny this morning** its 'sani ðis 'monin
È un po' nuvoloso	**It's a bit cloudy** its ə bit 'klaudi
Oggi tira vento	**It's windy today** its 'uindi tə'dei
Piove / È piovuto	**It's raining / It rained** its 'reinin / it 'reind
Nevica / È nevicato	**It's snowing / It snowed** its 'snouin / it snoud
C'è la nebbia?	**Is it foggy?** iz it 'fogi
Che tempo farà domani?	**What'll the weather be like tomorrow?** ˌuotl ðə 'ueðə bi 'laik tə'morou

We haven't got the forecast yet ui hævənt 'got ðə 'fokast iet	Non ci sono ancora le previsioni

Quanti gradi ci sono? | **What's the temperature?** ˌuots ðə 'temprəcə

It's thirty degrees Celsius in the shade its 'θəti di'griz 'selsiəs in ðə 'ʃeid	Ci sono 30 gradi centigradi all'ombra
It's fifty-two degrees Farenheit its ˌfifti 'tu di'griz 'færənhait	Ci sono 52 gradi Fahrenheit

È sempre così freddo / caldo?	**Is it always this cold / hot?** iz it 'olueiz ðis 'kould / hot
Bella giornata oggi!	**Nice day today!** nais 'dei tə'dei

TENNIS

arbitro	**umpire**	'ampaiə
campo	**court**	kot
cappotto	**grand slam**	'grænd 'slæm
doppio	**double**	'dabl
dritto	**forehand**	'fohænd
game (*gioco*)	**game**	'geim
partita	**match**	mæc
raccattapalle	**ballboy / ballgirl**	'bolboi / 'bolgəl
racchetta	**racket**	'rækit
rete	**net**	net
rovescio	**backhand**	'bækhænd
servizio	**service**	'səvis
set	**set**	set
singolo	**single**	'singl
tennis	**tennis**	'tenis
vantaggio	**advantage**	əd'vantiʧ
volée	**volley**	'voli

TESSILI, MERCERIA

acrilico	**acrylic**	ə'krilik
aghi / ferri da maglia	**knitting needles**	ˌnitin 'nidlz
ago	**needle**	'nidl
a pois	**polka dot**	'poulkə dot
a quadretti	**checked**	'cekd

a righe	**striped**	'straipd
(bottone) automatico	**press stud**	pres stad
bordo (*guarnizione*)	**border**	'bordə
bottone	**button**	'batn
cachemire (*filato*)	**cashmere**	'kæʃmiə
cachemire (*disegno*)	**Paisley pattern**	'pesli 'pætn
cordoncino	**piping**	'paipin
cotone	**cotton**	'kotn
crespo	**crêpe**	'kreip
cucito	**sewing**	'souin
disegno	**pattern**	'pætn
ditale	**thimble**	'θimbl
elasticizzato	**elasticized**	i'lastisaizd
elastico	**elastic**	i'læstik
fantasia	**patterned**	'pætənd
fettuccia	**tape**	'teip
fibra	**fiber**	faibə
filo	**thread**	θred
flanella (*di cotone*)	**flannelette**	flænə'let
flanella (*di lana*)	**flannel**	'flænəl
forbici	**scissors**	'sizəz
frangia	**fringe**	frinʤ
gabardine	**gabardine**	gæbədin
gomitolo	**ball**	bol
ingualcibile	**crease-resistant**	kriz rə'zistənt
irrestringibile	**non-shrink**	'non ʃrink
(cerniera) lampo	**zip**	zip
lana	**wool**	uul
lino	**linen**	'linən
matassa	**skein**	'skein
misto	**mixed**	miksd
nailon	**nylon**	'nailon
raso	**satin**	'sætin
ricamo	**embroidery**	im'broidəri
scozzese	**tartan**	'tatn
seta	**silk**	silk
spilla di sicurezza	**safety pin**	'seifti pin
spillo	**pin**	pin

spugna	**terry cloth**	'teri kloθ
tela	**cloth**	kloθ
tessuto	**material / fabric**	mə'tiəriəl / 'fæbrik
tessuti	**textiles**	'tekstailz
velluto	**velvet**	'velvət
velluto a coste	**corduroy**	'kodəroi
viscosa	**viscose**	'viscous / 'viscouz

TRENO, STAZIONE: LE PAROLE

arrivo	**arrival**	ə' raivl
bagagliaio	**luggage van / (*Am*) baggage car**	'lagiʤ væn / 'bægiʤ ka
bagaglio	**luggage / (*Am*) baggage**	'lagiʤ / 'bægiʤ
biglietto	**ticket**	'tikit
binario (*marciapiede*)	**platform**	'plætfom
binario (rotaie)	**track**	træk
capotreno	**conductor**	kən'daktə
carrozza	**car**	ka
carrozza ristorante	**restaurant car**	'restəront 'ka
carrozza letto	**sleeping carriage / sleeping car**	'slipin 'kæriʤ / 'slipin 'ka
coincidenza	**connection**	kə'nekʃn
controllore	**ticket inspector**	'tikit in'spektə
cuccetta	**sleeping berth**	'slipin 'bəθ
diretto	**direct**	di'rekt
espresso	**express**	ik'spres
feriale	**weekly**	'uikli
fermata	**stop**	stop
festivo	**Sunday and public holidays**	'sandei ənd 'pablik 'holideiz
intercity	**inter-city**	ˌintə'siti
internazionale	**international**	ˌintə'næʃnəl
locale	**local**	'loukəl
marciapiede	**platform**	'plætfom

orario	**timetable / (*Am*) schedule**	'taimteibl / skeʤul
in orario	**on time**	on 'taim
partenza	**departure**	di'pacə
posto	**seat**	'sit
prenotazione	**booking**	'bukin
rapido	**express**	ik'spres
regionale	**regional**	'riʤənel
ritardo	**delay**	di'lei
in ritardo	**late**	leit
scompartimento	**compartment**	kəm'patmənt
stazione	**station**	'steiʃn
toilette	**toilet**	'toilit
trasbordo	**transfer**	transfə
treno	**train**	trein
vagone	**carriage / car**	'kæriʤ / ka
vagone letto	**sleeping carriage / sleeping car**	'slipin 'kæriʤ / 'slipin 'ka

TRENO: PARTENZA

Dov'è l'ufficio informazioni? | **Where's the information office?** ueəz ðə ˌinfə'meiʃən 'ofis

The ticket office is in the lobby on the right ðə 'tiket 'ofis iz in ðə 'lobi on ðə 'rait | La biglietteria è nell'atrio a destra

Quanto costa un biglietto di prima classe per...? | **How much is a ticket in first class to... ?** hau 'mac iz ə 'tiket in 'fəst klas tu...

Per quanti giorni è valido il biglietto? | **How long is the ticket valid?** hau 'lon iz ðə 'tiket 'vælid

Ci sono tariffe ridotte? | **Are there any discount fares?** a ðeə 'eni 'diskaunt ˌfeəz

Vorrei un settimanale	**I'd like a weekly pass** aid 'laik ə 'uikli 'pas
Vorrei prenotare un posto fumatori sul treno… del giorno…	**I'd like to book a seat, in smoking, on the… train to…** aid 'laik tə 'buk ə 'sit in 'smoukin on ðə 'trein tu
Ho prenotato una cuccetta	**I reserved a sleeping berth** ai rə'zəvd ə 'slipin 'beθ
C'è un posto letto libero?	**Is there a berth available?** iz ðeə ə 'beθ ə'veilabl

There's an additional charge for express trains 'ðeəz ən ə'diʃənəl 'caʤ for iks'pres 'treinz	Si paga il supplemento rapido

La prenotazione è obbligatoria?	**Do I have to make a reservation?** du ai 'hæf tə 'meik ə 'rezə'veiʃən

The train leaves from platform (number) five ðə 'trein 'livz from 'plætfom 'nambə 'faiv	Il treno parte dal binario numero 5

Dov'è la sala d'attesa?	**Where's the waiting room?** ueəz ðə 'ueitin rum

The left-luggage room is at the end of the corridor ðə left 'lagiʤ rum iz ət ði 'end əv ðə koridə	Il deposito bagagli si trova in fondo al corridoio

Si può avere un carrello per i bagagli?	**Is it possible to get a (luggage) trolley / (*Am*) a baggage cart?** iz it 'posibl tu get ə 'lagiʤ 'troli / ə 'bægiʤ 'kat

First class is in the forward cars 'fəst 'klas iz in ðə 'fouəd 'kaz	La prima classe è nelle carrozze di testa
The 9.10 train from Paris is now arriving at platform… ðə nain ten 'trein from pæris iz nau ə'raivin ət 'plætfom	Il treno delle ore… proveniente da… è in arrivo al binario…
The… train to… is now leaving from platform… ðə 'trein tu iz nau 'livin from 'plætfom	Il treno delle ore… per… è in partenza dal binario…

The… train from… is running ten minutes late ðə 'trein from iz 'ranin ten 'minits 'leit	Il treno delle ore… proveniente da… viaggia con 10 minuti di ritardo

TRENO: VIAGGIO

Scusi, è libero questo posto?	**Excuse me, is this seat free?** iks'kiuz mi iz ðis 'sit 'fri
Ho la prenotazione	**I have a reservation** ai hæv ə ˌrezə'veiʃən

Tickets please 'tikets 'pliz	Biglietti, signori, prego!

Posso aprire il finestrino?	**Can I open the window?** kæn ai 'oupən ðə 'uindou
Dov'è la carrozza ristorante?	**Where's the restaurant car?** ueəz ðə 'restəront 'ka
Permesso, vorrei passare	**Excuse me, I want to get by** iks'kiuz mi ai 'uont tə get 'bai
Può avvisarmi quando arriviamo a…?	**Can you tell me when we get to…?** kæn iu 'tel mi uen ui 'get tu
Può svegliarmi alle 10?	**Can you wake me at ten?** kæn iu 'ueik mi ət 'ten

VEICOLI STRADALI: LE PAROLE

autista	**driver**	'draivə
automobile	**car / (*Am*) automobile**	ka / 'otəmouˌbil

autonoleggio	**car hire / car rental / (*Am*) rent-a-car**	'ka 'haiə / 'ka 'rentl / 'rent ə ka
berlina	**saloon car / (*Am*) sedan**	sə'lun ka / si'dæn
bicicletta	**bicycle**	'baisikl
campanello	**bell**	bel
catarifrangente	**reflector**	ri'fləktə
catena	**chain**	cein
bicicletta	**bicycle**	'baisikl
cavalletto	**kick-stand**	ˌkik 'stænd
freni	**brakes**	breiks
manubrio	**handlebars**	'hændlbaz
marcia	**gear**	giə
parafango	**mudguard**	'madgad
pedali	**pedals**	'pedəlz
pompa	**pump**	'pamp
raggi	**spokes**	spouks
ruote	**wheels**	uilz
sella	**saddle / (*Am*) seat**	'sædəl / sit
telaio	**frame**	'freim
camioncino	**van / pickup truck**	væn / 'pikap 'trak
camper	**camper van / camper**	'kæmpə væn / 'kæmpə
caravan	**caravan / (*Am*) trailer**	'kærəvæn / 'treilə
ciclomotore	**moped**	'mouped
coupé	**coupé**	'kupei
diesel	**diesel**	'dizl
familiare	**estate car / (*Am*) station wagon**	i'steit ka / 'steiʃn 'uægən
fuoristrada	**off-road vehicle**	'of roud viikl
motocicletta	**motor cycle / motor bike**	'moutəˌsaikl / 'moutə baik
rimorchio	**tow**	tou
scooter	**motor scooter / (*Am*) scooter**	'moutə 'skutə / 'skutə
sidecar	**side-car**	'saidka
spider	**roadster**	'roudstə

station wagon	**station wagon**	'steiʃn 'uægən
targa	**number-plate / (*Am*) license plate**	'nambəpleit / 'laisəns 'pleit

VEICOLI STRADALI: DOCUMENTI, NOLEGGIO

Quant'è al giorno? | **What's the daily rate?** uots ðə 'deili 'reit

Unlimited mileage rate an'limitid 'mailiʤ 'reit — Tariffa a chilometraggio illimitato

È compresa l'assicurazione? | **Is insurance included?** iz in'ʃuərəns in'kludid

L'assicurazione copre il guidatore? | **Does the insurance cover the driver?** daz ðə in'ʃuərəns 'kavə ðə 'draivə

You need an international driver's license iu 'nid ən ˌintə'næʃənəl 'draivəz 'laisəns — È necessaria la patente internazionale

Dove sono i documenti dell'auto? | **Where are the car's papers?** 'ueə a ðə 'kaz 'peipəz

Your driver's licence, please io 'draivəz 'laisəns 'pliz — Mi mostri la patente

May I see your vehicle registration documents? mei ai 'si io'viikle ˌreʤi'streiʃən 'dokiuments — Ha il libretto di circolazione?

Do you have your certificate of insurance? du iu 'hæv io sə'tifikət ov in'ʃuərəns — Ha il certificato di assicurazione?

Questi sono i documenti che mi ha dato il noleggiatore | **These are the documents i was given by the hire company** 'ðiz a ðə 'dokiuments 'ai uoz givn 'bai ði haiə 'kəmpani